はじめに

玉川大学教師教育リサーチセンター
リサーチフェロー　森山　賢一

本書（『教育実習ガイド【小学校・中学校・高等学校版】』）は、多くの大学が平素、学内で指導している教育実習について、新たな視点でまとめたものです。大学でテキストとして使用するほか、教育実習に備えるすべての学生が、実習前後の心得や実習中の留意事項のみならず、一人一人が「学校とは」「教師の役割とは」などについて改めて深く考えることができるよう、教師を目指す人だけでなく教育に携わる人、教員免許を取得するすべての人に役立つ構成を工夫しました。

大きな特色としては、これまでのテキストや資料と異なり、教育実習についての知識や技能を提供するだけでなく、「自分で考え、自分らしさを発揮できる教育実習を生み出す」ことを重視している点です。そのために、教育実習に関する充実した項目と、見開きレイアウトによる読みやすい紙面、そして実習前後に生まれる様々な問いに対応しています。これにより、教育実習で学び、考える上で、すべての読者のニーズに応えることができると考えます。

教育実習は、中核となる学校での実習体験のみならず、その前後の準備や振り返り、事後対応も含め、きわめて個別的かつ特別な経験です。短期間ですが、その捉え方や生かし方により、今後の人生や生き方、考え方を大きく変える珠玉の経験となりえます。そのためには、まず与えられ、教えられる知識や準備だけでなく、自らの思いや考えを個々の場面で十分に引き出し、生み出す手立てが必要です。本書が、そのような主体的な取り組みにつながれば幸いです。

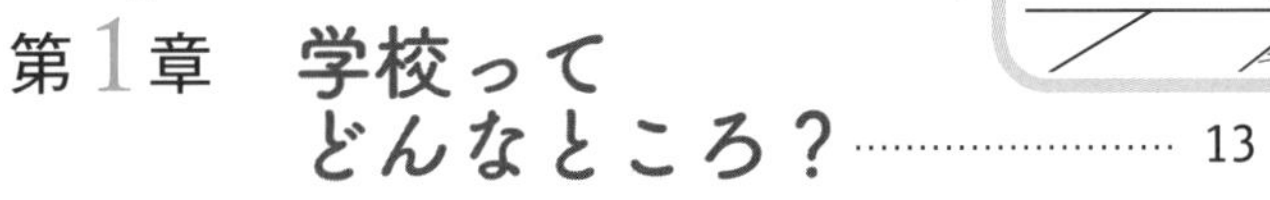

この本は、あなたとの出会いを待つ児童生徒に出会うまでの道のりの中で、
一人一人にしっかりと考えてもらいたいことを1冊にまとめたものです。
各項目の左ページに示された「問い」について考えを深めながら、教師として、社会人として必要な見方・考え方について学んでいきましょう。

第3章　教師の役割とは？ …… 57

第4章　教育実習を終えて …… 133

あなたの「ゆめの学校」へ

終章　教育実習での学びをどう生かすか？ …… 161

Q&A

◆◇本書の使い方◇◆

本書は、これから教育実習を迎えるすべての皆さんが、必要な知識や方策について具体的に理解したり考えたりすることができるよう、それに関連する内容項目を時系列で取り上げています。

本書の内容はおよそ次のようになっています。

1．教育実習前　事前指導などの授業に向け、あらかじめ考えたり知っておいたりしたい内容
2．教育実習中①　学校で起こる様々な課題やそれに対する解決策の提案
3．教育実習中②　あなたの思いや考え、直面する疑問や悩みについての対応
4．教育実習後　実習終了後の学生生活や卒業までの学習・生活の中での課題
5．教育実習とあなたの人生との関係など

教育実習の時系列に沿って読み進めるだけでなく、個別の疑問や課題が生まれたときに、「もくじ」の学びの地図や各章の扉から、関連するページをめくってください。

豊かで充実した教育実習を実現し、それにより皆さんの人生が一層素晴らしいものとなるよう、本書で応援できれば幸いです。

なお、本書の奇数ページの下に、古今東西の真人の言葉を記載しています。教師道を歩む過程で、生き方・考え方などのヒントとして味わってみてください。

序章

教育実習で何を学ぶか

いったい、何のために教育実習はあるのでしょうか。
そもそも、なぜあなたは教職課程を受講したのですか。
教師になるかまだ迷っているあなたは、
そこで何を考えるのでしょうか。
あなたにとって「教職」はどんな仕事ですか。
あなた自身はこの教育実習で何を学びたいのですか。

この章では、これから始まる
「教育実習」について
まず、考えることから始めましょう。

序-1

教師になってやってみたいことは？

教わる立場ではなく、教える立場になること、
簡単に言えば、それが教師になるということです。
でも「教える」と言っても、いろいろあります。
幼稚園・小学校・中学校、そして高等学校と、校種も
幼児、児童生徒の発達段階、地域や家庭環境の違いもあります。
あなたはどんな教師になりたいですか。
教師になってやってみたいことは
何ですか。

自分の考えを書き込んでみよう

教育について自分の考えを語ろう

1 教師っていいな！ そう思って教職課程を受講？

なぜあなたは「教職課程」を受講したのでしょうか。教師になりたかったから？ それとも、教員免許状が欲しかったから？　あるいは、様々な資格が役立ちそうだから？　ひょっとすると、親に取りなさいと言われたから？

動機はともあれ、教師や教育に何らかの思いがあったことは間違いないでしょう。まずはその思いをしっかりと言語化しておきましょう。

中には、あまり良い先生に出会わなかったからとか、授業がつまらなかったから、などという人もいるかもしれません。では、そのような「反面教師」を踏まえ、自分ならどんな教師になり、どんな教育をしたいのでしょうか。

2 「生きること」は「教わること」「学ぶこと」

人として生きる上で、「教わること」「学ぶこと」そしてそれらを「生かすこと」が最も重要です。大昔からそうでしたし、今はまさに日進月歩の時代ですから、「学ぶこと」が「生きること」と直結していると言えます。まず、「教えること」「学ぶこと」、つまり教育に対してきちんとした自分の考えをもつことが大切です。あなたは「生きること」「教わること」「学ぶこと」の関係をどのように考えますか。自分の言葉で語ってみてください。

3 教師は人の学びに深く関わる存在

たとえ学びの中心は一人一人の児童生徒であったとしても、教師は何をどう「教える」のでしょうか。その教師が関わることで、幼児、児童生徒の「学び」はどう変わり、その後の人生はどうなるのでしょうか。そんな「根源的（ラジカル）」な問いを立て、自分の考えをしっかりもちましょう。

4 教育実習には「本気」が必要

あなたは、もうすぐ「教師＝先生」となり、教壇に立ちます。そこには幼児、児童生徒がいます。彼らや彼女らから見ればあなたも「教師（の卵）」です。どんな出会いや経験が創り出せるか、それはあなたの「本気度」にかかっているのです。

才はなくとも人格は具へざるべからず。〈ハイネ〉
Kein Talent, doch ein Charakter. 〈*Heine*〉

序-2

教育実習の目的は？

教育実習にはどのような目的があるのでしょうか。
本やインターネットにはいくつも答えが書かれています。
大学で先生からすでに教わっているかもしれません。
でも、本当に大切なのは「教わること」ではなく、
あなたが「教育実習の目的」を明確に意識することです。
あなたは教育実習の目的とは何だと考えますか。

教育実習の目的について、自分の考えを5項目書いてみよう

1.

2.

3.

4.

5.

何のために教育実習に行くのか

1 大学の教職課程の総括的学習　最後のまとめ

教育実習は、大学の全教職課程及び教育に関するすべての知識・技術を実際の教育現場で総括的に活用し、直接肌で感じ、身をもって検証する機会です。そういう意味で、教職課程全体のまとめの学修であるとともに、教育現場のみで味わうことのできる、豊かな体験を獲得するチャンスであると言えます。

2 教育・研究と経験・実践の統合　体験的学習

実際に、小・中・高の各校種の教育現場で、校長・副校長をはじめとする多くの教職員の指導を直接に受けながら、児童生徒から「先生」と呼ばれるという立場で、学んできたこと・研究してきたことを実践の中で生かし、さらに豊かにすることができます。そこでは、教えることの難しさ、学ぶことの大切さ、そして教えることが学ぶことであることなど、実際の教育現場で、児童生徒とともに深く味わうことができます。

3 教師としての実践的能力の向上と創造的体験

そのような中で、教師として必要不可欠な実践的能力を向上させることができます。また、児童生徒との関わりや教職員と同じ時間を過ごすことで、自ら大学で学んだことと教育現場での体験を融合した、いわば「創造的体験」とも言える学修が可能です。これは、単に教師の仕事の「見習い訓練」ではなく、児童生徒への指導や、様々な行事やクラブ活動などの課外活動を支援する教師としての役割の自覚と、児童生徒との理解を踏まえた交流の在り方を学ぶことにつながります。

4 教師としての適性の確認・人生の岐路

教育実習を通して、学校という社会的制度の維持運営の課題を認識すること、公教育全体を実践的・多面的に学ぶことができます。また、それらにより、自らの教師としての適性を確認するとともに、「楽しい！」「やりがいがある！」と感じて教師としての仕事を選ぶか、そうでないかといういわば一つの「人生の岐路」にも直面することになります。

序-3

教育実習の流れは？

教育実習にはどのような過程（プロセス）があるのでしょうか。
まず、全体を理解してから部分を見つめることが大切です。
教育実習は実に豊かな「体験的学修」です。
大きくは「事前学修⇒体験学修⇒事後学修」となります。
また、体験する教育実習の内容も「観察・参加・実践」の３つに分かれます。
それでは、全体の流れ（構造）を確認してみましょう。

教育実習の流れに沿って、学修内容をなるべく具体的に書いてみよう！

事前学修	
教育実習での学修	
事後学修	

事前・実習中・事後に何を学ぶか

1 教育実習の事前指導を自分の学びに生かす

歴史に名を残す成功者やその分野の最先端の人物は、常に「準備」を大切にします。野球選手のイチローも「ハイレベルのスピードでプレーするために、僕は絶えず体と心の準備はしています。自分にとって一番大切なことは、試合前に完璧な準備をすることです」と述べています。事前指導では多くのことを「教わる」機会がありますが、それを自分の「学び」とし、教育実習の準備に生かすことが必要です。

2 教育実習は Teaching practice 一実践から学ぶ！

「なすことによって学ぶ–Learning by Doing」（ジョン・デューイ、John Dewey）。教育現場で4週間（2週間）の実習活動・勤務は、実践から学ぶことです。机上の論理や枠組みではわからないことを子どもたちから、そして教職員から、日々実践的に学ぶことができます。心身の健康に最大限留意し、一人一人が目指す実習目的を果たすよう心がけましょう。

3 観察⇒参加⇒教育実習（授業実践、研究授業）

まずは、実習校を知ることです。どこでいつ何がどのようにあるのか、実際に「見て・聞いて・触れて・感じて・考える」こと、それが観察です。ぜひ自分なりの観察記録を書きましょう。実習中の行事では、実際に直接参加して学ぶことができます。授業についても「観察」と「参加」です。常に自分ならどうする、自分はこうするという視点で授業研究をしましょう。自分が行う授業は決して多くありませんが、珠玉の時間。失敗から学ぶことが授業力向上の秘訣です。偶然、上手くいく喜びより、失敗を味わう辛さが大切。失敗は必然です。一生懸命頑張る姿に、児童生徒は心を開きます。他の教師からの批判や指導助言には「ありがとうございます」という感謝の言葉を忘れず、児童生徒の協力や支援・援助にも感謝の気持ちを伝えることが大切です。

4 教育実習の事後指導はまとめと振り返りで学ぶ

教育実習を振り返り、学んだことをまとめて発表する場と機会を設定してください。実習校に礼状を書くのも勉強になります。ありきたりのお礼ではなく、自分が何に気付き、何を学び、何を得たか、実習前とどう変わったかなどを率直に伝えましょう。

もし、木を切り倒すのに6時間与えられたら、私は最初の4時間を斧を研ぐのに費やすだろう。〈エイブラハム・リンカーン〉
If I had six hours to chop down a tree, I'd spend the first four hours sharpening the axe. 〈Abraham Lincoln〉

学校や学級をワン・チームにする「総持ち」の知恵

「チーム学校」という言葉には、これからの学校のあるべき方向性が示されています。すなわち、学校において子どもが成長していく上で、教師に加えて、多様な価値観や経験をもった大人と接したり、議論したりすることで、より厚みのある経験を積むことができ、本当の意味での「生きる力」を定着させることにつながる、という考え方です。

「チーム」を編成する際に、あるいはチームの一員になる前に、一読しておきたい本があります。宮大工の小川三夫さんの著書『不揃いの木を組む』（文春文庫）という本です。

宮大工という仕事は、主に神社や仏閣などの建築、修繕を手がける職人のことです。小川さんは法輪寺三重塔や、薬師寺金堂など国宝に指定されている建築物の再建に副棟梁として活躍し、その後、宮大工になりたい、という弟子を育てるために「鵤工舎（いかるが）」という宮大工を目指す人たちの学校を設立しました。

弟子には中学校を卒業したばかりの人もいれば、結婚して子どもがいる人もいます。鵤工舎での修行期間の目安は10年間、小学校と中学校を合わせて９年間よりも長い時間の修行となります。

年齢が異なる大人が一緒に修行するので、小川さんは、「同じ学級に１年生もいれば３年生もいる、中学生もいるような複式学級のようなものだな」と学校に例えたお話もしています。

小川さんの言葉には、学校づくり、学級づくりのヒントがたくさん詰まっています。

小川さんによると、法隆寺や薬師寺の塔を内部から見ると、「不揃いな材木」でつくられており、それらが支え合ってこそ、千年を超える塔が存在するそうです。建築物は場所によって、かかる力の強さや方向が異なるため、それぞれの木材の強度に合わせて組み合わせるのだそうです。その技術を宮大工の世界では、「総持ち（そうもち）」と言うそうです。

小川さんは、異なる木材を組み合わせる「総持ち」の技術は、学校や社会で人が育つ環境に似ていると言います。

「集団で技を学ぶには不揃いな子がいたほうがいい。お互いを見ながら、自分の道を歩んでいけることができるからだ。」

「総持ち、みんなで持つ。不揃いこそ、安定感があるし、強い。」

と小川さんは言います。「不揃い」とは、それぞれの「個性」や「特性」のことです。一人一人がもって生まれた個性や特性は、まさに不揃いで、「オンリー・ワン」です。そして、そのオンリー・ワンが集まってつくる「ワン・チーム」です。

これからの学校づくり、学級づくりに「総持ち」の知恵を生かせる教師を目指しましょう。

第1章

学校って どんなところ？

児童生徒にとって「学校」とはどんな場所ですか。
保護者にとって「学校」とはどんな場所ですか。
地域にとって「学校」とはどんな場所ですか。
あなたにとって「学校」とはどんな場所ですか。

この章では、
学校の枠組みや仕組みを
考えてみましょう。

1-1

学校の魅力、教師の魅力

「子どもたちにとって、今日が楽しく、明日が待ち遠しく
なる学校を創る教育者を志してください」
あなたが配置された実習校の校長先生から力強く声を
かけられました。
あなたは、明日からどんな心構えで実習に臨みますか。

自分の考えを書き込んでみよう

どんな教育をしたいのか
それはなぜか

1 なぜ、教師になりたいのかを自問自答しよう

教育は、自立した人間を育て、個人の能力を伸ばすとともに、社会の形成者である国民を育成する役割を担っています。個人が幸福で充実した生涯を実現するとともに、国際社会に貢献していく原動力となる人間を育てる夢あふれる仕事です。あなたが教師を目指すのであれば、「なぜ、教師になりたいのか」「教師になって何がしたいのか」について今一度、自問自答し、覚悟をもって臨む必要があります。

2 児童生徒と向き合うときに本当に大切なこと

初任校の校長から、「放課後、子どもがいない机一つ一つに目を落とし、今日、この子はどうしていたか、自分は何をしたかを考えなさい」。そう言われて20年に及ぶ担任在職中、一日も欠かさずそれを実行した教師がいるそうです。子どもの姿が思い出せないときには胸を打たれたように申し訳ない気持ちになったと言います。実習中に毎日欠かさず取り組むことを実行してみましょう。

3 児童生徒の師表となる心構えを持ち続ける

教師には８つの役割があると言います。例えば次の８つの役割です。① guide、② role model、③ coach、④ tutor、⑤ mentor、⑥ counselor、⑦ instructor、⑧ friend。他にもあるかもしれませんが、様々な役割を遂行する中で常に心に留めて置きたいことがあります。それは、児童生徒の前に立つとき、あなたの言動のすべてが師表であるということです。少なくともその意識が大切であり、師表であり続ける真摯で懸命な姿勢が求められます。

4 自らの適性を捉える大切な機会

多くの学生がこれまでも学校インターンシップを通して学校の教育活動の支援や補助を行ってきましたが、教育実習は、実際に教師としての職務の一部を実践することになります。これまでの大学の学修を通じて身に付けてきた実践的指導力の基礎を自ら確認し、自らの適性を考える大切な機会としてください。

最も強く矛盾を感ずる人ほど真人なり。〈オスカー・ワイルド〉

1-2

教師の仕事の枠組み

教師の勤務時間を知っていますか。
教師の出退勤の時刻を知っていますか。
それは全国一律でしょうか。
教育実習に行く前に、まずは教師の仕事の枠組みを
確認しましょう。

自分の考えを書き込んでみよう

まずは教師の仕事の枠組みを理解しよう

1 教師の職務とは

「校務」と「職務」は似た言葉ですが、異なります。校務とは「学校の仕事全体を指すもの」です。学校の仕事とは、学校がその目的である教育事業を遂行するため必要とされる仕事すべてであって、その範囲は多義にわたります。この「校務」のうち、教師が果たすべき任務・担当する役割を「職務」と言い、概括すると、児童生徒の教育や教務、会計などの事務があります。実習期間中に、これらを具体的に列挙していくと、教師の仕事理解が深まります。

2 職務を遂行する勤務時間

教師の勤務時間は、1日7時間45分、週38時間45分です。休憩時間は1日45分。それ以外は上記の職務を遂行する義務があります。教員勤務実態調査（平成28年度）では、1日当たりの学内勤務時間は小学校では11時間15分、中学校では11時間32分と報告されています。さて、教師はどんな仕事で超過勤務をしているのでしょうか。

3 学校ごとに異なる勤務時間の割り振り

「勤務」の始まりや終わりの時刻、休憩時間など勤務の割り振りは各学校の校長が行います。また、児童生徒の登校時刻や始業時刻、1単位時間の授業時間、下校時刻なども各学校で編成します。学習指導・生活指導などの教育活動以外の様々な事務は、児童生徒の登校前や下校後の時間帯を効率よく使って遂行することがポイントです。

4 自分の特性を理解し、仕事の優先順位を決める

児童生徒が下校した後の時間は、休憩時間を差し引くと1時間から2時間程度です。その間に、明日の授業の準備や保護者への連絡、教務や会計などの事務があります。校務分掌の打ち合わせなどの協議は時間がかかる場合も多く、週ごとの予定に見通しをもって臨む必要があります。自分の特性を理解し、仕事の優先順位を決めて、効率的に課題を処理する職能を高めることが必要です。

あらゆる鳥をして各々その得意の歌をうたはしめよ。〈イギリス俚諺〉
Let every bird sing its own note.

1-3

教師の職務に積極的に関わるために

教育実習においては、積極的に指導教員と関わり、
そこから教育現場の知恵を学んでください。
では、あなたはどんな場面で教師の職務のサポートに
関われると考えますか。

自分の考えを書き込んでみよう

教師の職務をサポートする４つの視点

1 授業の準備に関わる

教材研究や指導案の作成など、授業の準備は児童生徒に基礎的・基本的な知識及び技能を確実に修得させ、それらを活用して課題を解決するために必要な思考力、判断力、表現力などを育むために欠かせません。教育実習中は、教材の印刷や物品の準備の補助作業、実験・観察の支援に加え、ICT の準備や後片付けなど、多くのサポートができます。

2 学習評価に関わる

学習評価については、観点別評価を行い、学習過程での評価の蓄積を重視します。また、評定の根拠となる観点別の評価材が必要となることから、日頃より授業中の発言やノートの記述など児童生徒の表現を中心に収集していく必要があります。提出物や宿題の提出状況の確認、日常の漢字テストや計算ドリルの採点・記録などのサポートを進んで行いましょう。

3 生活指導に関わる

実習中は、児童生徒の生活や学習の様子を継続的に見守り、いじめや非行行為などに気付いたら迷うことなく指導教員に伝えましょう。その後、養護教諭やスクールカウンセラー、スクールソーシャルワーカーなどが、学級担任や学年の教師とどのように児童生徒を見守る体制を構築しているかを学ぶことができます。

4 学校行事の運営に関わる

実習中に関わりがある学校行事としては、体育的行事、文化的行事などが考えられます。運動会や合唱コンクールなどは練習段階から当日まで児童生徒が成長する様子も実感できます。指導の過程では、練習中の児童生徒の安全管理など責任ある役割を担当する場合もあるでしょう。児童生徒にわかりやすい指示を出す、というだけでも大きな学びとなります。

1-4

組織・校務分掌

学校組織とは、どのようなものでしょうか。

① 校務分掌は、すべての教職員が担当するのでしょうか。

② 校務分掌の仕事には、どのような内容がありますか。

③ 教育実習校で校務分掌について質問できますか。

校務分掌?

学校にある校務分掌を予想しよう

学校組織や校務分掌の仕事内容を理解しよう

1 学校組織には、校務分掌などがある

学校組織の責任者は校長であることは言うまでもありませんが、個々の具体的な業務については、校務分掌などの校内組織が各学校で定められています。校内組織は、指導組織、事務組織、研修組織、職員会議などから成り立っています。教職員は、分担してそれらの分掌の業務を担当することになります。

2 全教職員がチームとなって業務を推進する

教員の業務と言えば授業を行うことがイメージされやすいのですが、業務内容は多岐にわたります。日々の教育活動を推進するためには、教材準備のための物品購入や管理、施設設備の維持管理、給食の食材の購入や栄養管理、PTAとの連絡や調整などが必要となります。これらの業務にすべての教職員がチームとしてあたることになります。

3 校務分掌上の仕事も大切な教師の業務

校務分掌の指導組織として学年・学級経営や教科指導、領域指導があります。また、事務組織には、教務、庶務、施設設備、渉外などがあります。さらに、校内研究の推進や職員会議をはじめとする諸会議の運営などもあります。それぞれの分掌で企画や運営、調査や報告、学外諸団体・組織との連絡や調整の業務を担当することになります。

4 校務分掌の実際を理解することも大切

教育実習校から「校務分掌一覧表」が渡されます。その一覧には、分掌を担当する教職員名も記載されています。まず指導教員がどの分掌担当なのか確認してください。具体的にどのような業務内容か、必要な事務処理のスキルなどを質問することも大切です。様々な業務の中で求められる多様な教師の能力を理解しておきます。

1-5

保護者との連携の必要性

保護者との連携は、「何のために」「どのように」
「どのような点に気を付けて」行うのでしょうか。
保護者会の運営、家庭への連絡の仕方、保護者の学校教育活動への参加促進などについて確認しましょう。

自分の考えを書き込んでみよう

学校と保護者との連携の必要性について理解しよう

1 なぜ必要なのか

児童生徒の個性を多面的・多角的に理解するためには、学校と家庭の連携が必要不可欠です。学校・家庭、それぞれで見せる姿は違います。児童生徒の個性や“よさ”を見極め、伸ばすためには、学校での様子や家庭での様子について教師と保護者が相互理解し、信頼関係を構築することが何より大切です。以下、2から4までの事項についてどのように連携しているのか、実習期間中に確認しておきましょう。

2 保護者会や面談などの運営

保護者会は年に数回、学級担任と保護者が情報交換する貴重な機会です。学級の教育方針や指導の重点、児童生徒の学校での様子を知らせたり、保護者の思いや願いを情報交換したりできる運営の工夫が大切です。

個人面談や家庭訪問では、学級担任と保護者が個別に児童生徒の状況について話し合います。事前の情報収集・資料作成、面談時の共感的態度が重要な“鍵”です。

3 学校から保護者への連絡

学校から保護者への連絡方法としては、学級だよりや電話、連絡帳、手紙、家庭訪問などがあります。学級だよりは、学級の状況（学習や生活）の周知、家庭への協力依頼の要素があります。電話や連絡帳、手紙、家庭訪問による個別連絡は、状況に応じて連絡方法を選択します。問題行動ばかりクローズアップせず、児童生徒の“よさ”について知らせることで信頼関係を深めます。

4 保護者の学校教育への参加促進

保護者の学校教育への参加はとても重要な視点です。学校での学習支援（教育ボランティア）には、校外学習の引率補助や学習補助（個別支援、図書室運営、読み聞かせ、給食補助など）があります。また、家庭での学習支援には、家庭学習の支援（音読や計算・漢字練習などのチェック）、学校で学習したことの家庭での定着化のための支援があります。学級だよりなどを活用して協力を依頼しています。

吾人の最大の光栄は一度も倒れないことではなく、倒れる毎に起きる所にある。〈ゴールド・スミス〉

Our greatest glory consists not in never falling,but in rising every time we fall. 〈Goldsmith〉

1-6

地域との連携の重要性

学校と地域との連携・協働は、なぜ重要なのでしょうか。
「コミュニティ・スクール」って、何でしょうか。
学校と地域の連携・協働などの必要性や重要性について
考えてみましょう。

自分の考えを書き込んでみよう

学校と地域との連携の重要性について理解しよう

1 なぜ重要なのか

これからの日本社会を担う子どもたちにとって必要な資質・能力を身に付けさせるためには、多様な経験を積ませせることが大切です。地域は、人的・物的資源の宝庫です。地域の教育資源を生かした学校教育の充実が、児童生徒の人間性や社会性の向上と同時に地域コミュニティの活性化につながるのです。

実習校の「地域連携・協働など」の実際について確認してみましょう。

2 コミュニティ・スクールとは?

学校運営協議会制度を導入した学校を指し、学校と地域住民が連携・協働して学校運営に取り組む「地域とともにある学校」です。コミュニティ・スクールを設置する学校は年々増加し、2019年5月1日現在、全国の幼稚園、小学校、中学校、高等学校、特別支援学校のうち、約7,600校が設置しています。地域に開かれた学校づくりや地域人材の学校教育への参画を実現する仕組みの一つでもあります。

3 地域の教育力の活用

人的資源の活用としては、学習ボランティアとしての学習支援、ゲストティーチャーとしての専門性の発揮(学習指導や環境整備、公開講座の運営など)があります。物的資源の活用としては、地域の公共機関・文化施設・民間施設の見学や職場体験の実施などがあります。計画的・系統的に実施するために、それらがどのように教育計画に位置付けられているのかを確認してみましょう。

4 地域活動への参加促進

地域には様々な行事や活動がありますが、参加者の減少が大きな課題となっています。児童生徒や保護者が地域行事・活動に参加(ボランティア活動を含めて)することは、地域にとっても、児童生徒にとっても価値あることです。参加促進のためには、教師自身が意識をもつこと、児童生徒や保護者に積極的に広報することなどが大切です。地域活動の中で多くの人と触れ合うことで、児童生徒の人間性・社会性を高めることができます。

1-7

幼保小中高の連携

子どもたちは、幼稚園、保育所、こども園などから、小学校、中学校、高等学校などへと進み、途切れなく成長を続けていきます。例えば、あなたが小学校の教師であったとしても、子どもの就学前の経験を踏まえて小学校での指導をする必要があります。

さらに、小学校卒業後のことも構想した教育を行わなければなりません。

子どもたちの成長を「長いものさし」で捉えるためには、何を実践していけばよいでしょうか。

自分の考えを書き込んでみよう

子どもたちの成長を「長いものさし」で捉える視点

1 連携・一貫校の種類やメリットの理解

連携校は、それぞれに独立した異校種の学校が協力して教育活動を行います。各校が隣接している場合は、教職員の連携や子どもたちの交流もやりやすいというメリットがあります。また、一貫校は、異校種の学校の運営などを一体として行い、教育課程の編成にも特色を出すことができます。さらに、小・中学校を一つにした義務教育学校、中・高等学校を合わせた中等教育学校もあり、児童生徒が小・中の9年間、中・高の6年間を通して学びます。どの学校でも、地域や子どもたちの実態等を踏まえた多様な連携を推進することが大切です。

2 日常的な連携の計画と実施

例えば、中学校教師が中学校3年間のことだけを考えて教育活動を実施すると、小学校までの学びを生かせず、高等学校などでの学びにつなげることもできません。特別に指定された連携・一貫校でなくても、どの学校の教師も、子どもたちの成長を「長いものさし」で捉え、「これまで」「これから」を視野に入れることが必要です。

各校の教育計画は、隣接校種の計画を踏まえて立案しなければなりません。連携は、各校の教職員相互が情報を共有し、意見を出し合うことから始まります。校種による学校文化の違いを越えて無理なく長続きする連携計画を立て、着実に実施することが大切です。

3 幼児、児童生徒の交流の実施

各校では、様々な交流が実施されています。実習期間中に異校種の子どもたちの交流活動に関わることもあるでしょう。あるいは、校内の異学年交流の場面もあるかもしれません。入学したばかりの1年生に上級生が関わる活動や、全学年縦割りの活動もあります。子どもたちは、異学年との関わりから多くを学びます。上級生がリーダーシップを発揮したり、下級生が上級生を模範として生活したりする場面は多く、そこでの「学び」は大切です。

学校で育てたい「さ・し・す・せ・そ」

美味しい料理を作るためには、「さしすせそ」の調味料が必要です。

「さ」は、砂糖
「し」は、塩
「す」は、お酢
「せ」は、醤油
「そ」は、味噌
となります。

これに倣って、T校の生活指導部では４月から「生活のさしすせそ」を掲げ、実践に取り組み始めました。

「さ」は、さわやかな挨拶と返事
「し」は、静かな廊下
「せ」は、せっせと掃除
「す」は、素早い集合
「そ」は、そろった靴箱
です。

古くから、「時を守り、場を清め、礼を正す」という校訓がありますが、この「さしすせそ」は現場の教師の知恵が伝わる、子どもにとって覚えやすく、かつわかりやすくて、実践するにふさわしい生活の指針となっています。きまりから習慣へ、児童生徒が身に付けておいてよかったと思えること、すなわち、社会に出てから役に立つ本当に大切なことを習慣化できるような指導の工夫が大切です。

当たり前のことにしっかりと取り組むことを「凡事徹底」といいますが、学校の「当たり前」は、決して古くて役に立たないものばかりではありません。

さて、T校ではこの「生活のさしすせそ」の取り組みが浸透してきた頃合いを見計らって、今度は学習指導部が「学びのさしすせそ」を掲げ、授業改善に取り組むことにしました。

「さ」は、「探す」です。

疑問の目をもって見つめること、問題を自分で見いだして追究する力を伸ばそうと考えました。

「し」は、「調べる」です。

なぜだろう、と思ったことは、辞書、辞典、インタビュー、現地に行っての調査、インターネットなど自分で調べる力を育てたいと思いました。

「す」は、「筋道を立てて考える」です。

国語で学ぶ言葉の力、算数で学んだ式や図は、筋道を立てて考えるときの大事な力になります。

「せ」は、「整理」するです。

世の中は情報にあふれています。目的に応じて整理し、曖昧な情報に振り回されない、つまり整理する力が常に肝要です。

「そ」は、「総括する」です。

様々な教科などで学んだことを振り返り、関連付けて、生きて働く知識にしていくことを最終目標と捉えました。

言うまでもなく、「生活のさしすせそ」と「学びのさしすせそ」の実現は、児童生徒、教師、保護者の三者の共通の目標であり、学校の教育活動の指標となっています。

誰もが知っているキーワード「さ・し・す・せ・そ」ですが、教師の知恵でこんなにも使える言葉に生まれ変わるのです。

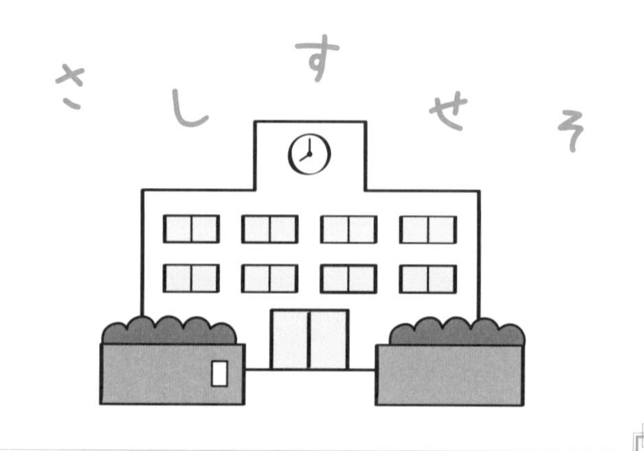

第2章

心の準備

児童生徒から「先生」と呼ばれる教育実習。
まだ、本当の先生でもないのに…
それでも「先生」と呼んでくれる子どもたちに
精一杯応えたい。

この章では、
そのための心の準備を
しましょう。

2-1

教師のモラル、学校のルール

100－１＝０である

帝国ホテル総料理長の田中健一郎さんは、「100－１＝０である」と言います。料理の世界では、たった一つの妥協やごまかしで、味のすべてが台無しになる、つまり「０になる」と言います。これを教師の仕事に置き換えて考えてみましょう。

自分の考えを書き込んでみよう

教師のモラルや学校のルールについて考えてみよう

1 教師のモラルについて

広辞苑によると、「モラル」とは「道徳を単に一般的な規律としてではなく、自己の生き方と密着させて具体化したところに生まれる思想や態度」と定義されています。「自己の生き方と密着させて」とあります。つまり、教師のモラルは、教師として自己の生き方を真摯に追求し、教師として守るべき揺るぎない価値基準をつくり上げるものであると言えます。教師のモラルが厳しく問われる一連の事案からは、教師としての生き方の感覚や覚悟の差から、その事態が生じたケースが多いのです。

また、学校という「組織のモラル」が問題となる場合もあります。「学校の常識は、社会の非常識」などと囁かれもします。学校には「校内文化」「校風」と呼ばれるモラル観が内在している場合がありますが、それらが社会一般で求められるモラルとどう関係しているかを見直すことが必要です。

特に「チーム学校」においては、多様な経験や専門性をもった関係者が協働する場面が増えます。したがって、教職員が互いに「尊厳」「尊重」「対等」といった倫理観をもって臨むことが重要となります。

2 学校のルールについて

学校のルールは、法律、条例、教育委員会からの通知・指示などの上位規範によって定められていますが、中には校長の裁量に委ねられている事項もあります。「校長が変わると学校が変わる」と言われる所以は、この裁量の事項の改革手腕による場合もあります。

例えば、中間・期末テストを廃止した中学校がありますが、教育課程の編成は校長の権限なのでこれが可能となります。しかし、それらを実施するには、保護者や生徒への説明が丁寧に行われ、さらに成果が上がらなければ学校の信頼を損ねる事態も起こります。

学級のルールの多くは、学級担任が校長の経営方針を踏まえた上で、学級担任独自の工夫を加えたローカル・ルールで学習指導、給食指導、清掃指導などの教育を進めています。ローカル・ルールは、ときに学級や学年をまたいだときに連続性を欠きます。この場合も、保護者や同学年に自分の教育観や指導法を理解してもらうための説明責任が伴います。各教科の場合も同様です。学校のルールは固定化せず、見通しをもち計画実行し、評価し改善する中で検証を続けることが大切です。

2-2

服務って何だろう？

教育実習中は実習生という身分ではあるものの、実際に
児童生徒の前で教壇に立ち、自分が計画をした指導内容に
従って授業を担当することになります。
服務に関わる法規については、実習中あまり意識が
回らない部分ですが、教職員にかかわる不祥事は多くあり、
知っておかなければならないことが
たくさんあります。

教職員に関わる不祥事の例を書いてみよう

不祥事が起きると、どのような影響があると思いますか

服務に関わる法規

1 服務の根本規準

服務とは、公務員として職務に服することであり、公務員の日常の勤務に服する在り方、または公務員としての地位に基づく在り方をいいます。地方公務員である教職員は、住民全体の奉仕者として公共の利益のために勤務し、全力を挙げて服務に専念すべきことが服務の根本規準です（日本国憲法第15条②、地方公務員法第30条）。

県費負担教職員の任命権者は、指定都市を除いて都道府県の教育委員会に属していますが、これら教職員は市町村の公務員であり、市町村の教育の事業の遂行に奉仕する義務を負っています。したがって、県費負担教職員の服務の監督は市町村の教育委員会が行います（地方教育行政法第43条）。

教職員の服務義務は、教職員が遂行するに当たって守るべき義務と、職務内外を問わず守るべき義務とに分けられます。前者には法令等及び上司の服務命令に従う義務（地方公務員法第32条）、職務専念の義務（同第35条）があり、後者には信用失墜の行為の禁止（同第33条）、秘密を守る義務（同第34条）、政治的行為の制限（同第36条）、争議行為等の禁止（同第37条）、営利企業への従事等制限（同第38条）があります。私立学校の教員もこれらに準じています。

2 教職員の服務の宣誓

地方公務員法第31条は、「職員は、条例の定めるところにより、服務の宣誓をしなければならない」と定めています。服務の宣誓は、公務員関係に入ることを受諾したことによって生じた職員の職務義務に従うことを宣誓したものであり、職員の倫理的自覚を促すことを目的とする制度です。私立学校の教員も学校や学園との契約関係があります。

3 法令等及び上司の職務命令に従う義務

教職員は、その職務を遂行するにあたり、法令、条例、地方公共団体の規制及び地方公共団体の機関の定める規定に従わなければなりません（地方公務員法第32条）。また、教職員は、その職務を遂行するにあたり、上司の職務上の命令に忠実に従わなければなりません。教職員の上司とは、教育委員会（地方教育行政法第43条②）、校長、さらに、校長以外の教職員に対しては副校長、教頭がこれにあたります（学校教育法第37条④～⑧）。私立学校の教員も一定の規則や規律により上司の命に従います。

宗教なき教育はたゞ悧巧なる悪魔を造るなり。〈ウエリントン〉

Educate men without religion,and make them but clever devils. 〈Wellington〉

2-3

個人情報の保護（USB メモリーの紛失）

あなたは、成績処理が終わらないため、担任する学級の38名分の成績情報を私物のUSB メモリーに保存し、自宅で作業をしようとしました。
そこで、私物のUSB メモリーを学校に持ち込み、職員室のパソコンで作業を行いました。

どのような問題があると思いますか

どのような影響があると思いますか

秘密を守る義務

1 秘密を守る義務とは？

■地方公務員法第34条（秘密を守る義務）
　職員は、職務上知り得た秘密を漏らしてはならない。その職を退いた後も、また、同様とする。
2　法令による証人、鑑定人等となり、職務上の秘密に属する事項を発表する場合においては、任命権者（退職者については、その退職した職又はこれに相当する職にかかる任命権者）の許可を受けなければならない。
3　前項の許可は、法律に特別の定がある場合を除く外、拒むことができない。

職員は、職務上知り得た秘密については、在職中及び退職後もこれを漏らしてはなりません。教職員が児童生徒に関するすべてについて、他人に絶対漏らしてはいけないこと、これを「守秘義務」と言います。

2 職務上知り得た秘密とは？

教育に関する、職務上知り得た秘密には、「児童生徒の学業成績・素行」「指導要録」「健康診断の記録」「家族構成」「児童生徒の名簿（住所・氏名・電話番号）」「入試問題」などの個人情報があります。教師は、職務上知り得たこれらのことについて外部から照会があっても、基本的にこれらを知らせてはいけません。

3 個人情報の保護に関する法律

高度情報通信社会の進展に伴い、個人情報の利用が著しく拡大しています。そのため、個人情報の適正な取り扱いに関し、基本理念及び基本方針が作成され、個人情報の保護に関する施策の基本事項が定められました。個人の権利利益を保護するよう十分意識しなければなりません。さらに、教師の仕事は、多種多様に広がり多忙を極め、成績処理などの仕事を家庭で行うこともあります。その際、カバンをひったくられるなどの被害に遭う可能性もあります。この場合、あなたはカバンを盗まれた被害者ですが、同時に個人情報が流出し二次被害を与えることで、児童生徒や保護者に対する加害者ともなるのです。

2-4

情報保護と情報公開

児童生徒のプライバシーをめぐって、問題が生じることがあります。年度末の成績評価などにおいては、十分な配慮がされていますが、日常的に学年・学級の情報管理をどのように進めるとよいか、考えてみましょう。

どのような問題があると思いますか

公開請求される情報にはどのようなものがあるのでしょうか

学年・学級の情報管理をどのように進めますか

1 広がる情報公開

情報公開の波が学校にも押し寄せてきています。学校の保有するすべての情報が原則として公開請求の対象になります。学校教育に関わる情報の収集・作成・活用・提供・管理は、児童生徒の指導に直接あたっている学年学級担任に負うことが多いものです。学年学級担任の職務として作成した文書類は、原則としてすべて開示請求の対象となります。日常的な情報発信について、個人のプライバシーの保護が必要です。

2 学年学級担任の関わる情報

学年学級担任は、学校における第一次の情報作成者・管理者です。関わる情報は、教育活動・児童生徒指導に関するあらゆるもので多岐にわたります。

① 請求を受けて広く一般に公開されるもの

学級・教科の目標、学級経営案、学級での道徳・特別活動の指導計画、教科の指導計画、週案・日案、学級日誌、出欠席月末統計、教科の評価規準、活動記録、学年・学級だより、学級学年会計など。

② 「開示」請求を受けて、一部または全部が開示されるもの

指導要録、内申書、各種検査類（学力・学習、性格、適性など）、通知表、健康診断票、体力測定票、アンケートなどの諸調査、出席簿、学級名簿、家庭環境調査票など。

3 情報教育・メディアリテラシーの理解

① 情報教育の必要性

児童生徒が情報を主体的に選択・活用できるようにすることは欠かせません。情報の発信・受信の基本的ルールを身に付けさせるなど、情報活用能力を培わせるために、情報への対応を指導できる能力が必要です。

② 身近なメディアとコンピュータ

情報伝達の手段や内容が多様化する中で、校内におけるコンピュータや情報機器ネットワーク（校内LAN）が広がっています。児童生徒の成績などのデータは、セキュリティの高い校内サーバに蓄積され、共有化されて利用されます。また、成績処理も情報処理システムを活用して行われるため、コンピュータなどの活用技術を高めることも求められます。

宗教は言葉でなくて実行なり。〈イギリス俚諺〉

Religion lies more in work than in talk.

2-5

教師としての規範意識

携帯電話やスマートフォンなどは、今の生活に欠かせないものといえるほど普及しています。大変便利な道具ですが、同時に使い方を誤ると大きな被害を起こしてしまうという危惧もあります。子どもたちに携帯電話やスマートフォンの持ち込みを禁止している学校も多いようです。

では、教育実習生として、携帯電話やスマートフォン、SNSなどの扱いについて、どのように留意したらよいのでしょうか。

自分の考えを書き込んでみよう

SNSの使い方、携帯電話

1 勤務時間中に使わない

地方公務員法第30条や教育公務員特例法第17条に「職務に専念する義務」が定められています。当然のことですが、勤務時間中は、子どもたちによりよい教育をするために全力を尽くします。携帯電話やスマートフォンなどは、電源を切るかマナーモードにしてカバンにしまっておきます。職員室に携帯電話の呼び出し音が鳴り響くなど、望ましくありません。

2 子どもや保護者との連絡に使わない

実習生自身が、指導教員の指導なく、直接家庭と連絡することはできません。しかし教育実習の後など、子どもたちから電話番号やメールアドレスの交換、SNSのやりとりなどを求められる場合があります。互いの個人情報を知ることになるので、原則として控える必要があります。

3 SNSやツイッターなどに投稿しない

帰宅した後や週末など、ほっとしたときにSNSやツイッターなどに教育実習に関する投稿をしてしまいがちです。学校名を伏せたり、匿名にしたりして、気を付けたつもりでも誰かに気付かれてしまうものです。現役教師でも保護者対応の愚痴などを投稿し、特定されて問題になったことがあります。SNSは、意図せず拡散してしまうおそれがあります。職務内容に関わることについて、SNSやツイッターなどに投稿することは厳禁です。実習生として、そのようなことがないように十分注意しましょう。

4 携帯電話、スマートフォンをなくさない

外出先の洗面所、飲食店などで、携帯電話やスマートフォンをうっかり忘れてしまったために、多くの個人情報が漏洩してしまったという例があります。子どもたちの情報やメモなどを入れている場合は、取り返しがつかないことになります。また、勤務時間中に持ち歩き、教室に置き忘れたなどという事故も起きています。

信仰は信仰することにより、愛は愛することにより、思考は思考することにより、学問は研究することによりて養るる。〈ペスタロッチ〉

2-6

守秘義務

学校では、様々な子どもや保護者との出会いがあります。
とても素晴らしいことですが、それぞれの個人情報や
プライバシーを守ることは、非常に重要です。
学校教職員の一員として、常に意識しましょう。
では、どのようなことに気を付ければよいのでしょうか。

■地方公務員法第34条第1項
職員は、職務上知り得た秘密を漏らしてはならない。その職を退いた後もまた同様とする。

自分の考えを書き込んでみよう

基本は「どれだけ子どもたちを大切にしているか」

1 放置しない

児童生徒指導資料、テスト、評価・評定などを放置することは、子どもたちの個人情報を公開することになります。例えば、子どもたちのいない教室で、テストの採点をしているときに急用で席を離れることがあります。そのままにしておくと、忘れ物を取りに来た子どもがそれを見てしまうおそれがあります。あるいは、窓から吹いてきた風でテストが飛ばされてしまうかもしれません。「うっかり」では、済まされないのです。

2 持ち出さない

個人情報に関するものは、学校から持ち出さないことが基本です。各校には規定がありますので、必ず確認しましょう。児童生徒指導資料やテストなどは気を付けるものの、作文は家でじっくり読み込もうなどと考えて持ち帰るときに、電車の網棚にカバンを置き忘れて紛失してしまうなどがないようにしましょう。USB メモリーなどの記録媒体も使用が認められていないことや、学校から持ち出さないことが定められています。

3 うわさ話をしない

子どもたちに具体的な事例を話すときに、名前を伏せてもわかってしまう場合があります。万が一にも、特定された子どもの心が傷つくような場面があってはなりません。また、退勤後に実習校と関わりない友人と話すときにも同様です。飲食店内や道路を歩きながらなど、つい話してしまうことがないよう、どこで誰が聞いているかわからないと考え、注意する必要があります。

4 実習終了後も気を抜かない

管理職をはじめ教職員、子どもたちに感謝するとともに、感動に包まれた教育実習が終了。ほっとして、友達に貴重な体験を話しているうちに、ついつい守秘義務がおろそかになってしまうことがあります。実習終了後も、子どもたちや保護者の個人情報、プライバシーを守ることは当然です。肝に銘じておきましょう。

2-7

アルバイト

あなたはアルバイトをしていますか。
そこから学んだことは何ですか。
実習中のアルバイトについてどう考えますか。
アルバイトで気を付けなくては
ならないことは何ですか。
教師の副業について知って
いますか。

自分の考えを書き込んでみよう

意義と位置付け、課題を意識しよう

1 学生時代のアルバイト

アルバイトの目的は様々です。大学生活を維持していくための貴重な糧としている皆さんも少なくありません。また、それは社会を知る上での貴重な経験でもあります。学生の本分を忘れずに、「どういう仕事についても、そこで働く人たちから信頼を得ることが何よりも大切」と心がけることが大切です。

2 実習中のアルバイト

教育実習は大学の授業の一環です。実習期間中にアルバイトを禁ずる法的な制限はありません。しかし、教育実習は、単なる単位の修得ではありません。高い教育的識見を養い、教師道を驀進する力と技の体得にあります。実習期間中は寸暇を惜しんでの実習でなくてはなりません。また、実習校で土日の教育活動が計画されることもあります。実習はすべて授業と考え、実習中のアルバイトは避けるべきです。

3 アルバイトで気を付けること

実習期間以外のアルバイトも実習に影響しないよう注意する必要もあります。つまり、アルバイトが実習校の子どもや地域社会との関わりにおいて、教師としての信頼を欠くものや公平な関わりを疑われるものであってはならないのです。特に、母校で実習を計画している学生は、学区、近隣地域でのアルバイトには十分注意すべきです。

4 職務専念義務とアルバイト

教師は子どもたちの教育に専念するために、職務の公共性や重要性が特に求められています。そして、数々の法律で職務への専念、アルバイト（副業）への従事が厳しく制限されています。兼職・兼業の条件や禁止ということもあります。実習期間中は、「実習校の職員勤務に準じて行動する」ということを強く心に留めなくてはなりません。

2-8

実習生の服装は？

実習生には、どのような服装や身だしなみが求められるでしょうか。
服装について、どのように考えますか。
「これはまずい」という服装や身だしなみはどういうものですか。
「学び」の場にふさわしい、指導者としての服装について考えてみましょう。

自分の考えを書き込んでみよう

服装・身だしなみとマナー

1 服装についての基本的な考え

服装は、その態度とともに人柄を表します。学生としての良識をもち、教育実習に臨む服装を考えます。アクセサリーや持ち物も、子どもたちや保護者の誤解を得ぬように、人目を引くものは避けます。

2 品よく、さっぱりと、活動しやすく

学校は、ファッションを競う場ではありません。品よく、さっぱりと清潔な服装を心がけます。スーツ（男子はネクタイ着用）と黒の革靴が通勤の服装として標準的でしょう。

学校での生活は多様ですから、活動のしやすいものを用意します。一般に、男性も女性も落ち着いた色のトレーニングウエアに着替える人が多いです。体育があったり、家庭科があったりするので、その場の活動に適した服装や靴を用意します。

校内では、安全面でスリッパは不適切です。必ず上履き（運動靴類）を着用しましょう。

3 頭髪や爪を清潔に

学校は、おしゃれをする場ではありません。頭髪は、茶髪やパーマは避け、伸びすぎないように清潔に整えます。女性の長髪は、活動しやすいようにまとめます。また、爪は、短く清潔にして、ネイルやマニュキュアはしません。過度な化粧やピアス、付けまつ毛などは、実習生としてふさわしくないでしょう。

4 必要な持ち物は

教材研究のための書物やノート、配布された資料など持ち物が多くなるので、少し大きめのカバン類（A4ファイルが入る物）が必要です。筆記用具、クリアファイル、印鑑など必要な物を入れます。また、前述のトレーニングウエアや運動靴、上履き、給食用のマスクなどが必要です。学校によって違いがありますので、事前訪問の際、確認して用意しましょう。実習生のために控室やロッカーなどが用意されている場合もありますが、その整理整頓は、実習生の手で行います。また、どこの学校も校地内は全面禁煙です。近隣の路上でも喫煙は控えましょう。

2-9

教育実習の準備、注意することは？

実習校に事前訪問や事前オリエンテーションにうかがうとき、
どのようなことに注意したらよいでしょうか。
事前の準備にはどのようなものがありますか。
箇条書きしてチェックできるようにしましょう。

自分の考えを箇条書きにしてみよう

・

・

・

・

・

心と体を最適な状態に

1 心と体の準備をする

教育現場は多忙です。実習生を受け入れることは大変なのです。実習の受け入れに対する感謝の気持ちが必要です。感謝の気持ちをもち、精一杯学ぶ姿勢をもって臨みましょう。

学生といえども、実習中は教師として指導者の立場に立つことを自覚して実習にあたります。実習先では、受け身で指導されるのを待つのではなく、自ら進んで指導をお願いしましょう。

教師は、元気に明るく子どもたちの前に立つことで大きな教育的効果があります。実習を皆勤で過ごせるよう、常に心と体を最適の状態に保つよう努力してください。

2 事前訪問の依頼をする

事前打ち合わせでは、実習期間の確認、担当学年学級の学年主任及び指導教員などとの顔合わせや実習開始に向けた詳細な打ち合わせが行われます。打ち合わせの日時は、大学と実習校の間で決められることもありますが、実習生は大学との連絡を密にした上で、予定した訪問日の前（10日から２週間くらい前）に電話などで教頭（副校長）か教務主任に、訪問日時の都合を伺うようにします。

〔例〕「このたび教育実習生として、先生の学校にお世話になることになりました○○大学の○○と申します。実習が始まる前にお伺いして、ご指導や打ち合わせをお願いいたしたく思っております。ご都合のよろしい日時をお知らせいただきたくお電話申し上げました」「○○月○○日○○時ですね。ご多用の中ありがとうございました」

電話なので、失礼にならないよう言葉遣いに気を付けてください。日時はすぐにメモを取り、間違いを防ぎましょう。

3 事前訪問当日の注意

訪問当日は、服装に注意して、筆記用具、ノートやメモ帳を持参し、予定時刻に着くように出かけます。学校に到着したら受け付けやインターフォンで来意を告げます。出会った職員や保護者には、丁寧に挨拶をしましょう。明るく、挨拶と自己紹介をし、お世話になることへのお礼を謙虚に短く伝えます。打ち合わせでは、メモをとり、帰りがけにも丁寧な挨拶を忘れないようにしましょう。

通勤や学区域の環境なども確かめておきます。

2-10

言葉遣い

ある実習生が、子どもたちとの気持ちの距離を埋めるために
親しみを込めて話しています。
あなたは、実習生とたかしさんとの会話をどのように感じますか。

たかし　「先生、やばい！この問題、わかんないから教えて。」
実習生　「たかしのやり方、いいじゃん。
　　　　全然やばくなんかないぞ。」

自分の考えを書き込んでみよう

教師の言葉遣いについて考えてみよう

1 なぜ、教師の言葉遣いが重要なのか

人が話しているのを聞いて、その人となりを感じることはありませんか。教師は、児童生徒をはじめ保護者、地域の人、同僚など様々な人と関わる仕事です。言葉は場や相手によって正しく使うことが大切です。一度もたれた悪印象を払拭するのは困難です。教育実習を機に自分の言葉遣いを見直しましょう。

2 児童生徒と話すときに大切なこと

事例に挙げた実習生は、児童生徒と同じ話し方をすることで親しみを込めたと勘違いしています。児童生徒の前では、友達ではなく「教師」なのです。学生言葉で話すことは禁物です。指導者として適切な言葉遣いを心がけることが大切です。また、児童生徒を呼び捨てにしてはいけません。信頼関係を築くには、児童生徒に迎合するのではなく、授業や生活の中で児童生徒に寄り添い、誠実に話すことが大切なのです。実習生であっても、教師はどんなときでも児童生徒の「モデル」であるべきです。

3 保護者や地域、同僚と話すときに大切なこと

実習生が保護者や地域の人と話すことは少ないかもしれませんが、学級担任の仕事は児童生徒の指導だけではありません。保護者や地域の人と話をする機会も多くなります。社会人としてのマナーを守った折り目正しい言葉遣いを心がけることが大切です。信頼され尊敬される教師になるために必要なことです。

4 節度をもって折り目正しい言葉を使おう

言葉遣いは、時と場に応じて適切に使い分けることが必要です。言葉には心がこもります。相手の話は、誠意をもって受け止め、返すことが大切です。特に、教師の言葉遣いは児童生徒をはじめ多くの人から注目されます。教師は節度をもって折り目正しい言葉を使うことが大切です。児童生徒や他の人の風貌などを茶化して笑いをとるようなことはしないようにしましょう。言葉には自分自身の姿勢や生き方が出るものです。言葉で人を傷付けることがないよう、常に教師の立場に立ち戻って話すことが大切です。

2-11

挨　拶

挨拶とは、
「挨」…心を開く
「拶」…相手に近づく
という意味があります。
自分から相手に心を開いて、相手に近づいていくことで
いろいろな人と仲良くなることができます。
児童生徒との出会い、教職員との出会い……。
実習生として挨拶をする場も
たくさんあります。
皆さんは、どんなことに気を
付けて挨拶をしますか。

自分の考えを書き込んでみよう

教育実習は挨拶で始まる

1 出会いの挨拶は自分から

教育実習の第１日は挨拶から始まります。では、どんな挨拶をしたらいいでしょうか。挨拶は「心を開いて、相手に近づくこと」という意味なので、自分から進んで挨拶することが大切です。玄関で出会った教職員には「おはようございます。実習生の○○です。よろしくお願いします」と、若者らしく明るく元気に挨拶をしましょう。視線を合わせ、姿勢を正してからしっかりとお辞儀をしましょう。

2 教職員への挨拶

教職員へは、挨拶と自己紹介とともに、教育実習でお世話になることへのお礼も簡潔に伝えましょう。人との交流は挨拶で始まり、関係が深まるものです。朝と帰りの挨拶は、指導教員はもちろん、管理職にも忘れずに行いましょう。第１日の朝の打ち合わせでは、全教職員に挨拶をします。事前に考え、明るく謙虚で簡潔な挨拶をしましょう。日中、廊下などで出会った人には会釈をしましょう。

3 児童生徒への挨拶

全校朝会で校長から実習生の紹介があります。児童生徒から好奇心に満ちた眼差しを感じるはずです。事前に話す内容を準備しておくことが大切です。明るい声で元気よく、簡潔に話します。短い中にも自分の信条など印象に残る一言を忘れずに入れましょう。学級での挨拶もあります。ここでは、自分の名前の由来や趣味・特技などを話し、親しみを込めた内容にしてもよいでしょう。

4 感謝の気持ちを込めたお礼の挨拶も忘れずに

最終日には、全教職員の前でお礼の挨拶を述べるのが通例です。限られた時間での挨拶となるので、簡潔に感謝の気持ちを伝えます。改めて校長、副校長（教頭）、指導教員、全教職員へのお礼の挨拶をしましょう。特に指導教員には感謝の気持ちと今後の決意を伝えましょう。児童生徒とのお別れには、一緒に過ごした日々を振り返り、感謝の気持ちと励ましの言葉を添えましょう。

美は感ずるを得べし、また作るを得べし、されど定義する能はず。〈エマーソン〉

2-12

人権意識

課題解決のための授業を展開している様子です。
「この課題について自分の考えがまとまった人は、手を挙げて発表してください」
「はい！」という声とともに、次々と手が挙がりました。
「智也くん、発表をお願いします。」
この授業の場面で、何か問題はありませんか。

自分の考えを書き込んでみよう

人権意識を高め、教育活動に取り組もう

1 子どもたちの人権を大切にする

学校教育の中で、子どもたちの人権を尊重し、育むことにより、子どもたちの人権意識が高まります。子どもたちの成長に大きな影響を及ぼす教師がどのように人権を意識し、尊重しているかを子どもたちに示すことは大変重要です。

授業の中で、「○○くん」と敬称を付けて児童生徒の名前を呼ぶことに問題がないと考える人がいると思います。しかし、子どもたちの人権を尊重して考えると、「○○さん」と呼ぶようにしなければなりません。一般に「○○くん」は、男性に付ける敬称として使われています。男女平等や性的少数者（セクシャルマイノリティ）の人権を尊重する視点から、子どもたちの敬称を考えなければなりません。

2 人権を守ることは、世界共通の課題である

日本国憲法には「すべて国民は、法の下に平等であつて、人種、信条、性別、社会的身分又は門地により、政治的、経済的又は社会的関係において、差別されない」（第14条）と基本的人権の尊重について示されています。

1948年の国際連合総会で世界人権宣言が、1966年に世界人権規約が採択され、人権保障が世界の国々に義務付けられました。1965年に人種差別撤廃条約、1979年に女子差別撤廃条約、1989年に子ども（児童）の権利条約などが締結され、人権問題が国際社会の課題となっています。2015年９月の国連サミットで採択された持続可能な開発目標（SDGs）には、人権についての課題が示されています。

3 人権課題を考え、子どもたちを人間として尊重する

我が国は、人権を尊重することを基本とした憲法に基づいて人権教育を進めていますが、学校をはじめ社会には、解決しなければならない人権課題が多数存在します。いじめ、体罰、虐待、暴行、差別など子どもに関わる深刻な人権問題があります。女性、高齢者、障害のある人、同和問題、アイヌの人々、外国人、インターネットによる人権侵害などの人権課題もあります。教師を目指す皆さんは、人権課題に目を向け、理解を深め、解決のために何をしなければならないかを考えなければなりません。教育実習では、子どもたちを人間として尊重する視点をもって教育活動にあたるようにしてください。

2-13

配　慮

教育実習生が、用務や給食調理をされている方へ挨拶しています。
「おはようございます。このたび、教育実習をさせていただきます○○大学の□□です。よろしくお願いいたします。」
「こんにちは。教育実習をさせていただいています○○大学の□□です。給食を美味しくいただきました。」
「お世話になります。
どうもありがとうございます。」
このことを、あなたは、
どのように考えますか。

自分の考えを書き込んでみよう

様々な人や事柄に配慮しよう

1 教師だけが、子どもたちを育んでいるわけでない

学校教育に関わっている人は、教師だけではありません。学校事務、施設維持管理、学校警備、学校司書、スクールカウンセラー、スクールソーシャルワーカー、学校栄養士、給食調理員、学校医など様々な職種の人たちが、学校教育に関わっています。教育実習では、教職員や子どもたちに目を向け、授業をどう行うかで精一杯かもしれませんが、子どもたちが多くの人に支えられていることを意識する必要があります。学校教育に携わっているすべての方に、自己紹介と挨拶をしっかり行ってください。研究授業の指導で学校を訪ねると、校庭や玄関を掃除している用務主事さんから「教育実習生が、私にも声をかけてくれました。素晴らしい学生さんですね」と話しかけられることがあります。そのような実習生は、子どもたちとの関係も良好で、充実した教育実習を行っています。

2 一人一人の子どもへ丁寧な対応をする

教室には、一人一人違った個性の人間がいます。教育実習の短い期間では一人一人を十分理解することは難しいですが、一人一人の子どもに目を向け、子どもたちの様子を観察していると一人一人の個性が見えてきます。学級活動や授業の中でどのようにして子どもたちの力を引き出すかを考え、大学で学んだこと、今まで経験してきたことをフル活用して取り組んでください。特別な支援を必要とする児童生徒については、指導教員から情報を得て適切な対応を心がけるようにしてください。一人一人の子どもへの丁寧な指導と対応が、教育の基本です。

3 感謝の気持ちをもって、教育実習を行う

教育実習は、学校現場の子どもたちや先生方、多くの職員の協力によって行われています。また、大学や各地方公共団体の教育委員会の関係者の働きによって成立しています。多くの人の力を借りて、教育実習ができることに感謝の気持ちをもち、「教育に携わる」という強い意志と責任感をもって教育実習に臨んでください。特に、児童生徒一人一人の貴重な学習の時間を使って授業をしていることを考え、児童生徒への感謝の気持ちをもち、今できる最高の授業や生徒指導をするよう誠実に努力し、全力を尽くすことが必要です。

先生なのにあんなことをして

教育実習中は、児童生徒、保護者をはじめ多くの方から、学生であっても教師として見られています。教師として求められていることを知っておくことが大切です。

○ 「誰も見ていないからまあいいか」

誰も見ていないからまあいいかと思った行動が、日頃の信用を一瞬にして落とし失ってしまうことがあります。

教師が思っている以上に子どもたちはもちろん、保護者、地域の方々は、教師の行動をよく見ています。

○ 「ルールやモラルを守った姿や心温まる行動は、教師として信用を高めます」

周りの人が信号無視して横断歩道を渡っていても信号をきちんと守っている姿、高齢者・マタニティーマークを付けた人に席を譲る姿、障害のある方に寄り添う姿などルールやモラルを守った姿や心温まる行動は、教師として信用を高めます。

○ 教育実習が終わったら、実習した学校の個人情報を話していいの？

教師は、児童生徒調査票や提出された書類などから、児童生徒の家庭環境に関する情報をもっています。教師として知り得た情報は、ほとんど職務上知り得た秘密ですから、守秘義務違反にならないように気を付けなければなりません。教育実習生としても、同じです。実習校や大学にも多大な影響があります（実習中だけでなく実習後も遵守）。

- 「信用失墜行為の禁止」地方公務員法33条：その職の信用を傷つけ、職員の職全体の不名誉となるような行為
- 情報漏洩・体罰・わいせつ行為
- 交通事故・ハラスメント行為
- 飲酒運転などの道路交通法違反
- 窃盗、万引き
- 不正経理、公金横領、贈収賄
リベート収受・地位を利用した不法行為

○ 教師の言動は、児童生徒に大きな影響を与えます。皆さんならどのような声かけや行動をしますか？

- 否定、短所でなく、自分の傾向として理解できる声かけ（自分らしさに気付くリフレーミング）

「引っ込み思案」

→とても慎重なところがあるんだね。

「教科書を早く開きなさい」

→ほとんどの人が開いているね。素晴らしいね。

つなげる言葉（具体的には？理由は？）広げる言葉（似たようなことない？）

○ 勤務中に他の仕事をしていいの？

勤務時間は、職務に専念しなければなりません。（「職務上の義務」：服務の宣誓、職務上の命令・職務に専念する義務）

第3章

教師の役割とは?

あなたを慕ってくれる児童生徒。
なかなか言葉を交わす機会のない児童生徒。
いろいろな児童生徒がいます。

あなたは、
どのようにして児童生徒との関係を
築いていきますか。

3-1

教師の役割って何だろう？

教師は、学習指導以外にも、朝から夕方まで１年中、
様々な仕事をしています。
その様々な仕事を別の職種に例えてみましょう。

自分の考えを書き込んでみよう

- （例）健康観察をする　→　医者・看護師
-
-
-
-
-

多様な専門性とつながろう

1 一人で多様な教育要求に応えてきた教師

我が国の教師は、学習指導のみならず、様々な「指導」を行っています。それは、日本の教育が「人格の完成」を目的としているためです。

そのため、教師は学習指導のみならず、学級費などの取り扱いでは経理担当に、修学旅行の計画・実施においてはツアーコンダクターに、学習発表会では演出家に、保護者対応ではカウンセラーなどというように、様々な役割を担ってきました。つまり、「多様な教育要求に応えられる教師」が求められてきたのです。

2 これからは、多様な専門性とつながる教師に

教師にとって最も大切な役割は「子どもと向き合うこと」であり、そのための時間として大切であるものが授業と授業準備、そして児童生徒と直接対話できる時間です。

責任感の強い教師（学級担任）ほどすべてを一人で抱え込みがちです。例えば、スクールカウンセラーなどと連携して児童生徒の心のケアを行ったり、苦手分野は先輩教師にコツを聞いたり、繰り返し行うことはICT化したりすることで、心と時間の余裕、そしてよりよい教育効果を生み出すことができます。多様な専門性をもつ人々とつながる「顔が広い人」であることは、これからの教師に求められる大切な役割の一つです。

3 教育実習生に期待する役割

皆さんは、教育実習において初めて「教える立場」に立ちます。当然、学校の中では「先生」と呼ばれます。しかし、それは児童生徒と実習生との関係であって、あなたを指導し支援してくださる現場の教師との関係においては「教えを請う立場」であることを心に留めて学んでください。

実習期間で先輩教師の指導技術をすべて実践することはできません。「教える–教えられる」の間に立ちながら、将来の夢に向かって精一杯努力するあなたの姿が児童生徒に響くこと、これが先輩教師や保護者が最も期待することです。

知者不惑、仁者不憂、勇者不懼。〈論語〉
知者は惑わず、仁者は憂へず、勇者は懼れず。

3-2

児童生徒を叱るのは難しい？

実習中、担当学級の子どもたちと掃除をしていたときのことです。ほうき担当のAさんが掃除をせずにおしゃべりをしていました。あなたは、「Aさん、おしゃべりをやめて手を動かして」と注意をしました。すると、Aさんは「なんで私だけに注意するんですか」と言って怒ってしまいました。
こんなとき、あなたはどうしますか。
また、このようなことが起こった原因も考えてみましょう。

自分の考えを書き込んでみよう

こんなとき、あなたはどうする？

このようなことが起こった原因は何だろう？

すべては児童生徒の成長のために

1 先輩教師の児童生徒への対応を見て学ぼう

教育実習初期は、先輩教師の授業や生徒指導を観察することがほとんどです。観察しながら、①「ほめる」「叱る」場面を察知すること、②「自分だったら…」と、場の当事者意識をもつことが大切です。俯瞰的に場の状況を捉える習慣が身に付くと、「ほめる」と「叱る」の適時やバランスがわかるようになってきます。

2 叱るときはどうしたらいいの？

「子どもが好きだから」「自分はまだ、実習生だから」「児童生徒に嫌われたくないから」など、様々な理由で叱ることを躊躇することがあるでしょう。しかし、学校には様々なきまりやルールが存在しており、それを守ることで集団生活が円滑に進んでいきます。学校で培われた規範意識は、社会生活の基盤となります。したがって、信頼関係が十分でない実習生でも、叱らなくてはならないときは叱る必要があります。以下のポイントを押さえて、適切に叱ることができれば、児童生徒との信頼関係を深めていくことができます。

① 児童生徒自体を否定しないように、行動について具体的に叱ること
【どの行いをなぜ直さなければならないかを明確に話そう】

② 自分の機嫌や特定の児童生徒に偏ることなく、一貫性をもって叱ること
【誰に対しても、絶対に許してはいけないことを決めておこう】

③ 児童生徒の成長を見据えて誠実な言葉で叱ること
【自分を大切に思ってくれる人の言葉は、児童生徒に響きます】

また、児童生徒を叱ったときには、指導教員に報告しましょう。

3 「ほめる」と「叱る」のバランスが大切

児童生徒を叱った後は、その児童生徒の変化を見守りましょう。小さくともよりよい変容が見られたら、その変化をほめることが大切です。また、なかなか変容が見られなくても、視点を変えてその児童生徒の得意な分野やよさをほめていくと、児童生徒自身も叱られた意味を考えるようになります。「よいことは素直に認める」という教師の人間性が児童生徒に伝わっていくと、児童生徒間でも友達のよさを認める言葉が多く聞こえるようになってきます。

少にして学べば壮にして為すことあり。壮にして学べば老にして衰へず、老にして学べば死して朽ちず。
〈佐藤一斎〉

3-(1)-1

(1)学習指導
学習指導と学習評価

教育実習のおおむね最後の週に研究授業を行います。
教育実習のまとめである研究授業に向けて準備をしましょう。
授業は、学習指導と学習評価の２つの側面があります。
この２つの側面に関する次の４つの項目について、
あなたはどのように捉えていますか。
①指導と評価の一体化
②学習目標
③学習内容
④学習方法

自分の考えを書き込んでみよう

①

②

③

④

指導と評価で押さえておきたい事項

1 指導と評価の一体化を押さえる

学習指導と学習評価は別物ではなく、学習評価の結果によって、次の指導を改善し、さらに新しい指導の成果を評価していくという、学習指導に生かす評価を充実させることが重要です。これが「指導と評価の一体化」です。

2 学習目標・学習内容・学習方法を押さえる

学習指導では、学習目標・学習内容・学習方法の３つを押さえることが大切です。学習目標は教科で育成したい資質・能力で、そのために「何を学ぶのか」が学習内容です。この２つは各教科の学習指導要領に示されており、それらを具現化したものが教科書です。そして、児童生徒が「どのように学ぶのか」が学習方法です。皆さんは、研究授業でどのような学習指導を行えば、児童生徒が「主体的・対話的で深い学び」ができるかを具体的に考え、授業を計画してください。

3 学習評価の役割を押さえる

学習評価には大きく２つの役割があります。一つは、児童生徒の学習状況を評価（観点別学習状況評価）し、児童生徒の学習改善につなげることです。もう一つは、学習状況の結果を自分の授業改善に役立てることです。

そして、観点別学習状況評価の基となるものが評価規準です。評価規準は各学校で各教科ごとに作成します。

4 示範授業で何を見るのか

教育実習の前半は、指導教員や他の教員の示範授業をできるだけ多く参観してください。「示範授業の参観」の視点は①授業の目標、ねらいを知る、②授業の展開を見る、③発問や板書に対する児童生徒の反応を見る、④教師の支援と評価の観点を探る、です。また、「児童生徒の観察」の視点は、児童生徒の立場に立って①課題意識をもっているか、②学級はどんな雰囲気か、などです。

示範授業の参観で、研究授業に生かせることがたくさん見つかるはずです。

学然後知不足。〈礼記〉
学んで然る後に足らざるを知る。

⑴学習指導 授業デザイン

いよいよ教育実習での授業が始まります。
指導教諭から算数の一単元を任されました。
あなたは授業準備の第一歩として
何から取り組みますか。

自分の考えを書き込んでみよう

授業デザインは授業準備の第一歩

1 「授業をデザインする」ということ

学習指導要領総則編に、「授業をデザインすること」について「主体的・対話的で深い学びは、必ずしも１単位時間の授業の中で全てが実現されるものではなく、単元や題材など内容や時間のまとまりを見通して、主体的・対話的な場面をどこに設定するか、学びの深まりをつくりだすために、児童（生徒）が考える場面と教師が教える場面をどのように組み立てるかをどのように構成するかというデザインを考えることに他ならない」（抜粋）とあります。教師は「この単元（題材）で子どもたちにこんなことを身に付けてほしい」「こんなふうに取り組んでほしい」という願いをもってデザインしていくことが大切です。

2 「子どもの学びの深まり」を5W1Hでデザインする

教育実習での授業は、一単元の中の何時間かを受けもつことがほとんどです。自分の行う授業が単元（題材）全体を見通した中で、どんな役割をもっているのかを確認してから授業に臨みましょう。一単元を任されたときは、授業デザインを考えることのできるチャンスです。その単元（題材）での児童生徒の学びの深まりを目指して学習活動の計画を立てていきます。単元を通して「見通す」「学ぶ」「対話する」「考える」「振り返る」場面の時間構成、発問や活動・評価場面の設定を工夫します。その際、児童生徒を主語にして「何を、なぜ、いつ、どの場面で、だれと、どのように」の5W1Hで活動の目的を明確にしていくとイメージしやすくなります。教育実習で取り組んだ授業の振り返りとして、授業を自分なりにデザインしてみることも勉強になります。

3 授業デザインを意識した授業に取り組む

授業をデザインしていく過程は、学習指導案の各項目の内容を考えていくことと重なる部分が少なくありません。教育実習では、研究授業以外の授業は略案（本時案）を書くことがほとんどです。そのため、本時案で計画した授業の流れにとらわれすぎて、指導する側の教師からの見方だけになってしまわないようにします。常に、単元を通した授業デザインが授業準備の第一歩であることを意識して、児童生徒を主役とした学習内容や活動を授業や学習指導案に生かしましょう。

3-(1)-3

⑴学習指導 授業マネジメント

「子どもたちを主役にした授業」とは、どのような授業のことでしょうか。
あなたは教育実習で行う「授業」をどのように展開しますか。

自分の考えを書き込んでみよう

「たちつてと」を意識した授業づくり

1 ㋟ タイムマネジメント

授業の開始・終了時刻を守ることは、学習規律や児童生徒の集中力の面から、とても大切です。1時間の授業の内容は少し余裕をもたせて計画しておくことで、児童生徒の思考や教師の見取りの時間も確保できます。また、教師の言葉は常に簡潔で的確な内容になるよう準備をしておくことで、授業時間が有効に使えます。

2 ㋠ 中心発問と振り返り

「学び」は、児童生徒のざわつきや、もやもや感から生まれる「問い」から始まります。「発問」は、教師に都合のよい質問のようなものではなく、児童生徒にとって必然の「めあて」になり、思考を広げ、深める内容を吟味します。単元目標達成のための「めあて」を時間ごとに設定し、「めあて」に対する発問を吟味し、「まとめ」と「振り返り」を繰り返しながら次の学びにつなげていきます。

3 ㋡ ツールの活用と ㋢ 手立ての工夫

授業づくりにはツールの活用と手立ての工夫が欠かせません。児童生徒の興味・関心を高めたり思考を広げ、深めたりするためには、具体物や視覚に訴えるような教材・教具、ICT 機器の活用があります。手立ての工夫には、思考過程を明確にさせるための板書や思考の足跡が見えるノート指導のような指導方法の工夫と、学習のねらいの達成に向けた交流場面を適切に設定する学習形態の工夫があります。ICT 機器はツールの一つであると同時に、児童生徒の実態やニーズに合わせた手立ての工夫でもあります。

4 ㋣ トークや活動の主役は子ども

授業を「つなげ」「広げ」「深める」のは児童生徒自身、児童生徒同士です。教師主導ではなく、児童生徒自身が調べたり考えたり話し合ったりして学びを深めていくのです。おのずから教師の言葉や出番は少なくなり、児童生徒の声や活動が主役になるはずです。そして、児童生徒を主役にする授業の基盤は、互いに認め合い支え合う支持的風土づくり（学級経営）です。実習では、学校生活や参観授業の中で、先輩教員からしっかりと学んできましょう。

⑴学習指導
何のために学習指導案を書くの？

教育実習や研究授業では、学習指導案を書きます。
学習指導案を書くにあたり、わからないことや
困っていることを書き出してみましょう。

わからないことや困っていること

わからないことは、できるだけ早く大学の先生や実習校の指導教員に質問しよう！

学習指導案を作成する意義

1 内容、学習者の実態、方法を関連付ける

学習指導案（以下：指導案）は、学習の目標を達成するための計画書です。

その計画の構想にあたっては、主に①～③の視点で「教材研究」を行います。

①学習内容の明確化　→主に、指導案の「単元（題材）（教材）観」「目標」と関連

②学習者の実態分析　→主に、指導案の「児童生徒観」「評価」と関連

③指導方法の吟味　→主に、指導案の「指導（方法）観」「展開」と関連

①～③は、指導案の各項目と密接につながっています。視点の「内容―学習者の実態―方法」の関連により、目標を達成します。

2 指導案を作成するときに気を付けるポイント

①　学習内容の明確化（「単元（題材）（教材）観」や「目標」に関して）

学習指導要領を踏まえて、単元・題材や教材に合わせ、具体的に考えましょう。

②　学習者の実態分析（「児童生徒観」や「評価」に関して）

学習を進めるにあたり、児童生徒にとって必要なレディネスを把握し、教材を再考したり、教師の手立てを準備したりしましょう。事前にアンケートやミニテストをすることも一案です。

目標の達成状況を判断するために、具体的な子どもの姿を「【A】十分満足できる」「【B】おおむね満足できる」「【C】努力を要する」の３段階で考え、特に評価【C】では、対象の児童生徒への具体的な手立ても考えましょう。

③　指導方法の吟味　→（「指導（方法）観」や単元や本時の「展開」に関して）

- □　単元全体をいくつのまとまり（次）にし、総時間を何時間にするか。
- □　教材・教具は、何を用いるか。
- □　どのような学習活動を仕組むか。「教師の手立て」は何か。
- □　どのような発問で児童生徒の思考を深めるか。児童生徒の具体的な反応はどうか。
- □　児童生徒の学びの共有や思考の整理のために、どう板書するか。

教師用指導書や web 上で公開されている指導案（p. 70～71の参考資料を参照）を参考にする際も、児童生徒の実態を十分想像しながら作成することが大切です。

知之者、不如好之者。好之者。不如樂之者。〈論語〉
之を知る者、之を好む者に如かず。之を好む者、之を樂しむ者に如かず。

【参考資料】一般的な教科の学習指導案の形式（例）と具体的なポイント

学習指導案の形式は、学校や研究の内容に応じて異なります。実習校との事前打ち合わせにおいて、実習校の指導案モデルをいただいておくと形式や書きぶりがわかります。

第□学年□組□□科学習指導案

押印する場合もある。

指導者　□□　□□

1　単元（題材）名

音楽科、図画工作科、学級活動(2)(3)は「題材」、学級活動(1)は「議題」、道徳科は主題、その他の教科等は「単元」となる。
（各教科等の学習指導要領解説の「指導計画の作成と内容の取扱い」を参照）

2　単元について

(1)　単元観（教材・題材観）

①学習指導要領の内容と本単元の関わりを書く。②付けたい力〈学習指導要領の内容〉を育成するために、この単元で何を学ぶのかを書く。③教材の特徴を書き、教材が付けたい力の育成にどう有効なのかを書く。

(2)　児童の実態（児童（生徒）観）

この学習を進めるために不足している力や生かせる力を具体的に書く。その際、その根拠となる事前調査結果などの客観的事実があるとよい。

◆具体的な記述のために◆
(1)(2)(3)にて自分が書いたことが他の単元の指導案でも使える文ばかりになっていないかを確かめよう！

(3)　指導観

児童生徒の実態を踏まえ、この教材・題材を指導していく時、単元の第一次・第二次・第三次のそれぞれにおいて、どんな指導が必要か、教師の指導・支援の工夫（手立て）を具体的に書く。

3　単元（題材）の目標

目標は、学習指導要領の内容を踏まえ箇条書きで書いても、包括的に文章で書いてもよい。

4　単元（題材）の評価規準

平成29年の改訂により、評価の観点が3観点に整理された。

知識・技能	思考・判断・表現	主体的に学習に取り組む態度
・・・・・・・・・・・・	・・・・・・・・・・・・・	・・・・・・・・・・・・・・・・

5　単元の指導計画（全□時間）

	配時	ねらい	学習活動	評価規準（方法）
第一次	① ②	単元の各時間においてねらう児童生徒の姿を書く。	単元目標・単元の評価規準・ねらいの一貫性・整合性をもたせる。 3観点のうち2観点を挙げた場合は、それぞれを書く。	
第二次	③ ④⑤（本時） ⑥ ⑦	◇「ぼく」やお父さんの心情について描写をもとに読み取り、人物相互の関係の変化について自分の考えをもつ。	○…………………。 ○お父さんウィークの「ぼく」の心情の変化について、出来事の経過に沿って話し合う。 ○…………………。 ○…………………。	【知：(1)ケ】……。 【思：Cイ】「ぼく」の行動や会話及び「あやまろうと／だまって」「くやしくて／うれしい」などの対比的な表現をもとに、「ぼく」の複雑な心情を自分の言葉で言語化している。（ノート・発言）
第三次		学習活動は、「児童生徒がすること」を具体的に書くために、教師が見取れる姿を書くことが望ましい。 （語尾の例）～交流する。～話し合う。～を書く。～を音読する。～に取り組む。～（行動）する。など		

6　本時

⑴　日時　令和□年□月□日（□）　第□校時（□：□□〜□：□□）

⑵　場所　第□学年□組（□□名）　教室

理科室などの特別教室、運動場などの場合もある。

⑶　準備　（ICT 機器やその他教具など、教師が準備しておくものを書く場合もある）

7　本時について

⑴　目標

本時において付けたい力をできるだけ具体的に記す。

○　・・・・・・・・・・・・・・・・・（例）〜書く。（〜書くことができる。）

○

本時の目標が二つある場合、二つ目は「一つ目を達成するための手立て」となる活動や思考などが書かれている場合が多い。 箇条書きで目標が並んでいる場合は、実習校の先生に各観点を質問するとよい。

⑵　本時の実現状況を判断する際の具体的な子どもの姿

	A　十分満足できる	B　概ね満足できる	C（※Bに達していない学習者への手立て）
思考・判断・表現 2観点ある場合は、二つ書く。	児童生徒が実現している学習の状況が質的な高まりや深まりをもっていると判断される場合。様々な場合が想定される。	本時の目標レベル。 ・・・・・・・・ ・・・・・している。	Bに達することが難しそうな児童生徒に対して、授業中に教師が支援することを具体的に記す。

国立教育政策研究所 HP「学習評価の在り方ハンドブック」（全6ページ）を読みましょう。

https://www.nier.go.jp/kaihatsu/pdf/gakushuhyouka_ R010613-01.pdf

⑶　本時の展開（第△□時）

教師が授業を進めるために気を付けることではない。（例：プリントを配布する×）
児童生徒の学習活動が円滑に進むように、教師がすること（手立て）を書く。

段階	学習活動及び内容	指導上の留意点	評価場面
導入	1（学習活動を書く）・・・・・。 児童生徒がすること（活動）を具体的に書く。（〜確認する。〜話し合う。〜まとめる。〜書く。 など） めあて	○（児童生徒が主体的に「左の活動」に取り組むことができるように、教師が） 〜する。〜させる。 ◆いろいろな手立て◆ 児童生徒の学習活動を支える手立てには様々なものがあります。	
展開	2（学習活動）・・・・・。 ・ 学習活動が細分化される場合は「○」の後に書く。 3（学習活動）・・・・・。 ○　〜について話し合う。 ・ぼくは、Bだと思うよ。それは〜。 ・AとBを比べると〜。 ○　〜について自分の考えをまとめる。 ・ぼくは□□と考えました。そのわけは〜 「・」の児童の発言や思考の例に、学習内容が反映される。	（例） ・二つの資料の違いに着目させる。 〈資料提示の工夫〉 ・〜について問う。 〈発問の工夫〉 ・色付箋を使って ABC の観点で意見を整理させる。〈思考方法の工夫〉 この他にも 〈グループ学習の工夫〉 〈板書やノートの工夫〉	【思考・判断・表現：Cイ】 □□□□□□□□□□□□□□□□□□□□〜している。 （ノート） ※〜の児童に対しては〜する。 7⑵の内容と評価方法、評価Cの児童生徒に対する支援などについて書く。
終末	4（学習活動）・・・・・。 まとめ ・はじめはAと思っていたけれど〜。 ・次は〜について話し合いたい。	〈教材・教具の工夫〉 〈ICT 機器の活用〉 〈ゲストティチャーの招聘〉など様々あります。	

⑴学習指導 道徳科の学習指導案

道徳科の学習は、どのようなものでしょうか。
道徳科の授業時数は、年間何時間でしょうか。
どんな教材を活用するのでしょうか。
道徳科の授業づくりで大切なことは、どんなことでしょうか。
どんな指導方法を工夫すればよいのでしょうか。

自分の考えを書き込んでみよう

道徳科の授業づくりと学習指導案について理解しよう

1 道徳科はどんな時間？

道徳科は、道徳科の目標に示されている「道徳的諸価値について理解する」「自己を見つめる」「物事を多面的・多角的に考える」「自己の生き方についての考えを深める」という学習を通して、内面的資質としての道徳性を主体的に養っていく時間です。道徳科の年間標準授業時数は35時間（小学校第１学年は34時間）であり週１時間です。各学年の年間指導計画などを基に、児童生徒の道徳的な判断力、心情、実践意欲と態度を育てていくことが重要です。

2 道徳科で活用する教材

教育水準の維持・向上を確保するために、各学校においては検定教科書を使用して学習が行われます。

教科書は、道徳的な行為を題材とした教材を用いることが多く、伝記、実話、意見文、物語などの読み物教材や詩や劇などで構成されています。また、学校の重点内容項目を指導する上で、教科書に加えて、様々な教材も活用します。

3 道徳科の授業づくりで大切なこと

道徳科では、答えが一つではない道徳的な課題を一人一人の児童生徒が自分自身の問題と捉えて向き合う「考え、議論する道徳」が求められます。教師は、児童生徒のよさや課題を明らかにして、何を考えさせたいのか、どのように考えを深め広げるかについて明確な指導観により授業を構想します。また、児童生徒と教師の信頼関係や、落ち着いて考えられる教室環境、学習ルールの定着なども授業づくりには欠かせません。

4 道徳科の学習指導案の内容

道徳科の学習指導案は、教師自身の個性を生かした指導、学習意欲を高めるための指導方法の工夫が必要です。学習指導案の形式は特に定められていませんが、［主題名］［教材名］［主題設定の理由］［本時のねらい］［学習指導過程］などの事項が一般的です。

精神の栄養。〈伯林帝室図書館の銘〉
Nutrimentum spiritus

第2学年　道徳科の学習指導案（例）

令和　年　月　日（曜日）　第○校時
○○小学校　第2学年○組　　○○名
指導教諭　　　○○　○○○
授業者　　　　○○　○○○

1　主題名　みんなとなかよく　　内容項目　C−(11)「公正、公平、社会正義」

2　教材名「およげない　りすさん」
（出典：文部科学省『わたしたちの道徳』１・２年版より）

3　主題設定の理由

(1)　価値観（ねらいとする道徳的価値について）

本学習のねらいとする道徳的価値は、学習指導要領の内容項目Cの「公正、公平、社会正義」である。一人一人が誰に対しても公正、公平に接することでみんな仲良く安心して過ごすことができる。これを妨げるものに差別や偏見があり、仲間外れやいじめにつながっていく。学校という集団生活の場にあっては、様々な生活や学習活動を通して、誰に対しても分け隔てなく接し、友達と協力し、助け合い、互いを認め合い、理解し合い、信頼感や友情を育てることが重要である。学校生活の様々な場面で、仲間外れをせず、みんなと仲良く遊んだり、助け合ったりする経験を積み重ねながら、より良い友達関係をすすんで築こうとする実践意欲を育てていくことは大切なことである。

(2)　児童観（児童の実態について）

（省略）ねらいとする道徳的価値についての事前アンケートの結果を書き入れてもよい。

(3)　教材観（教材について）

本時で扱う教材は、島で遊ぶ動物たちの話である。泳げないことを理由に、りすを仲間外れにしてしまったあひる、かめ、はくちょうが、自分たちの不公平な行為に気付き、反省し、りすを誘って仲良く遊ぶ姿が描かれている。児童の日常にもよくある出来事である。仲間外れにされたりすの立場や気持ちを考えさせるとともに、あひる、かめ、はくちょうの心の変化についても考えさせ、ねらいとする道徳的価値に迫りたい。場面絵やペープサートなどを活用したり、役割演技を取り入れたりして、登場人物に自我関与させ、深く考えられるように指導方法を工夫する。

4　本時のねらい

みんなと仲良くすることの大切さについて考え、仲間外れをしないで、友達の気持ちを考えて行動しようとする実践意欲を育てる。

5　学習指導過程

	学　習　活　動 ○主な発問　◎中心発問　•予想される児童の反応	○指導上の留意点 ☆評価の視点
導入	1　事前のアンケートを基に、仲間外れや不公平なことについて考える。 ○仲間外れを見たことがありますか。 ○不公平だなと思ったことはありますか。	○仲間外れや不公平についてのアンケート結果から、自我関与して捉えることができるように、道徳的価値への方向付けを図る。
展開	2　『およげない　りすさん』を視聴し、話し合う。 ○「りすさんは、およげないからだめ」と言われたとき、りすさんはどんな気持ちだったか。 •一緒に行きたいな。 •ひとりぼっちで寂しい。 ◎島で遊んでいても少しも楽しくないみんなはどんなことを考えていたか。 •りすさんに悪いことをしたな。 •明日は、りすさんも誘おう。 ○りすさんをかめさんの背中に乗せて島に向かうとき、みんなはどんなことを思っていたか。 •昨日はごめんね。 •りすさんも喜んでくれてよかった。 •やっぱりみんなで遊んだ方が楽しいな。 3　自分の生活を振り返って話し合う。 ○「友達のことを思って仲良くできてよかったな」と思ったことは、どんなことか。 •一人でいた人に、思い切って一緒に遊ぼうって声をかけた。 •友達とけんかしたときは嫌な気持ちになった。だから、仲良くしたいと思い「ごめんね」と言った。	○紙芝居形式で教師が読み聞かせる。 ○りすの気持ちになって、寂しさを感じ取らせる。 （りすのペープサートを活用） ○楽しくない理由について考えさせる。 （グループ活動） ○島へ向かう動物たちに共感し、だれとでも仲良くすることの大切さに気付かせる。 ☆役割演技を通して、ねらいに迫ることができたか。（役割演技、発言） ○体験を全体に広げ、一人一人が道徳的価値の自覚を深められるようにする。 ☆自分を振り返ることができたか。 （ワークシート、発言）
終末	4　教師の説話を聞く。	○教師の体験談を語り、道徳的実践意欲につなげる。

⑴学習指導
よい発問ってどんな発問？

よい発問とよくない発問には
どのような違いがあるのでしょうか。

自分の考えを書き込んでみよう

よい発問とは？

○

○

よくない発問とは？

●

●

発問で授業の質が変わってくる

1　授業中の教師の言葉には、いろいろな種類がある

指導言により、発問に指示・説明・助言を組み合わせ、児童生徒の思考の流れをつくります。

① 発問…教師が授業中に児童生徒に対して問いかけること、及び問いそのもの
② 指示…児童生徒の行動に働きかける指導言
③ 説明…児童生徒に学習内容や方法などを理解させるための指導言
④ 助言…児童生徒に学習活動への手がかり、思考の停滞に働きかけるヒント、改善の視点などを与える指導言

教師の説明や助言を受けて、児童生徒が自ら「なんで？」「こうしたらどうなるの？」という問いをもつことができるようにすることも求められています。

2　教師側から見た発問の働き

教師からの発問には、大きく分けて２つの働きがあります。

【児童生徒の状態を知るために問い、その反応によって授業の方向性を決める】

例えば、授業の導入段階では、既習の知識や関心の度合いを確認するために問います。授業の展開や終末段階では、児童生徒の学習の到達度を確認・評価するために問います。

【ねらいの達成に向けて、児童生徒に自発的な思考を促す】発問の本丸！

例えば、２つの事象の比較検討、選択や判断、児童生徒の発言や表現へのゆさぶり、理由や原因の推論、意見や考えの集約などを問います。教師の深い教材研究が不可欠です。

3　児童生徒が安心して問いに向かえるように

① 問われていることが理解できる発問か。（言葉のセレクト・言い回し）
② 発問後、すぐに挙手を求める授業展開ばかりになっていないか。
③ 個々の学習状況を踏まえ、様々な児童生徒の反応を予想しているか。
④ 児童生徒の間違いを訂正する場面を想定し、準備をしているか。

事前に模擬授業を行い、自分の話し方について意見をもらうとよいでしょう。

3-(1)-7

⑴学習指導
板　書

今日、学校ではデジタル教科書や電子黒板を使うことが多くなっています。しかし、教師が黒板やホワイトボードに手書きする板書も引き続き大切です。
教育実習では、必ず子どもたちの前で板書する機会があります。板書するときに心がけることは、どんなことがあるでしょうか。

自分の考えを書き込んでみよう

板書を効果的に使う指導

1 板書の基本

板書は、子どもたちの前でわかりやすく、丁寧な文字を書かなければならないため、準備や練習が不可欠です。紙に書くのと、黒板やホワイトボードに書くのとでは筆圧も異なるので、何度も書いてみて板書の感覚を身に付けましょう。教師は子どもたちの様子も見ながら板書するため、半身の構えが書きやすい姿勢です。正しい書き順で一字一字丁寧に書き、縦書き、横書きとも行がまっすぐになるようにします。白チョーク、黒マーカー以外の色を使うことも効果的ですが、色の識別ができにくい子どもに配慮します。

2 板書計画の立案

教育実習では、単元や各時間の指導計画を作成します。指導計画には板書計画も含まれ、板書を用いてどのように学習活動を進めるかについて記します。

まず、授業の始めに本時のねらいや到達目標を簡潔に板書し、子どもたちが見通しをもって授業に参加できるようにします。板書に代えて、紙に書いたものを黒板に貼ることもできます。授業の展開では、黒板という限られたスペースをいかに効果的に使うかが工夫のしどころです。最後に、子どもたちが学習を振り返られるよう授業のまとめも板書を活用します。

3 板書の配慮事項

板書は大切な授業ツールであり、子どもたち一人一人が学びを深められるように様々な配慮が必要です。授業中、黒板を見続けるため、太陽光線の射し方にも気を配り、教室の前後左右のどの席でもはっきり見えるようにします。また、教室の黒板を含めた前面に、時間割表、当番表、学級だよりなど多くの物がありすぎると集中が阻害されるので、必要十分な情報を吟味します。さらに、書字や識字などに困難を感じる子どもには、個別の対応も必要です。

⑴学習指導
授業における ICT 活用

教員は ICT 活用指導力を高めることが必要です。

＊ICT は「Information and Communication Technology（情報通信技術）」の略です。

あなたは、自分の授業で ICT をどのように活用できると考えますか。

自分の考えを書き込んでみよう

授業でICTをどう使うか

1 教育の情報化の内容を押さえる

教育の情報化とは、教育の質の向上を目指すもので、次の3つの側面があります。

① 情報教育：児童生徒の情報活用能力の育成

② 教科指導におけるICT活用：ICTを効果的に活用した授業の実施

③ 校務の情報化：成績処理（学習評価に関わる評価材の蓄積と処理など）、出欠管理、保健管理、生活指導管理、各種調査対応処理や校務の負担軽減など

2 実習校に整備されているICT機器は？

学校には各種PC、大型TV（電子黒板を含む）、書画カメラ、教育用・校務用ネットワークなどの多くのICT機器が整備されています。また、学習用ツール（授業で使うソフトで電子教科書を含む）があります。実習校のICT機器や学習用ツールを調べ、実際に授業でどのように活用されているかを把握しましょう。

3 自分自身のICT活用指導力は？

教師のICT活用指導力のチェックリストの項目は、次の4つです。

① 教材研究・指導の準備・評価・校務などにICTを活用する能力

② 授業にICTを活用して指導する能力

③ 児童生徒のICT活用を指導する能力

④ 情報活用の基盤となる知識や態度について指導する能力

自分自身のICT活用指導力を自己評価してみましょう。

4 具体的なICT活用を考える

授業でのICT活用は目的ではなく、児童生徒の学びの質を高めるための手段です。使い方には、①教師の課題や資料提示の道具、②児童生徒の発表、思考、調査の道具、③グループ学習や協働作業を支援する道具、などがあります。また、これらの使い方に必要なICT機器と学習用ツールの組み合わせを工夫することが大切です。ICT活用のキーワードは「手軽に準備ができ効果的である」ことです。自分だったら、授業でICTをどのように使うかを考えましょう。

徳不孤。必有隣。〈論語〉
徳は孤ならず、必ず隣有り。

⑴学習指導
教材研究

教材研究とは、人に教える立場にある者が、事前に教授の
内容である知識を深めたり、技能を向上させたりする準備で、
授業を支えるものです。
どのような教材研究が必要だと考えますか。

自分の考えを書き込んでみよう

教材研究をするときの3段階

1 素材研究

『素材』とは、児童生徒に教える目的を達成するために、その本質を理解し研究していくことです。学習指導要領などから情報を収集し、想定している内容が本当に教える価値をもっているか判断します。

2 教材研究

『教材研究』とは、「教える材料としての研究を行う」という意味であり、「この1時間で何を教えるのか」を具体的につかむことでもあります。そのためには、『この学年で指導すべき内容』が示されている学習指導要領の指導事項との関連を押さえておくことが大切です。

まずは、「教科書教材をどのように扱えば、最も効果的に児童生徒の学力を育てることにつながるのか」という観点から教材を研究していきましょう。

児童生徒の実態に応じて、自分で工夫しながら少しずつ授業を組み立てていけるように努力していきましょう。技能を修得するために、実際に実験などを行い、事実の裏付けや実験結果の取得、実験における注意点などを行ったり、実際に現地に出向いて見学や質問・観察を行って、情報を収集したりすることが必要です。また、指導側が手本・見本となる実技・作品を提示しなければならない場合は、技能の向上や作業におけるコツや感覚といった情報の収集をしておきましょう。

3 指導法研究

「何のために」「何を教えるのか(見方・考え方を働かせて問題解決する中で、資質・能力を育成する)」などの事柄が理解できると、それを「どのように教えていくのか(主体的・対話的で深い学びの視点に立った授業)」について考えていくことになります。

『素材研究』『教材研究』をしっかりと行った上で、発問や指示、板書、演示、説明などの内容や指導法を十分に吟味するようにしましょう。

また、指導に対する児童生徒の反応や振り返りの仕方などを考えることも必要です。

3-(1)-10

⑴学習指導
評　価

授業の PDCA サイクルにおける「評価」について、考えてみましょう。

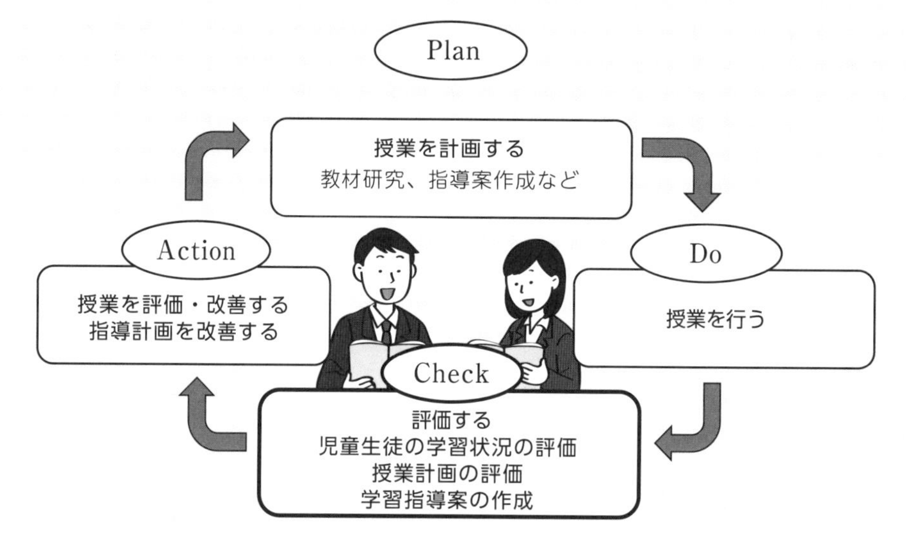

あなたは、教師が学習評価をどのように行っていると考えますか。

自分の考えを書き込んでみよう

学習評価の実際を押さえる

1 観点別学習状況の評価を押さえる

学習評価は、児童生徒の学習状況を評価するものです。具体的には各教科において、学習状況を分析的に捉える「観点別学習状況の評価」と総括的に捉える「評定」とを、学習指導要領の目標に準拠した評価として行います。

2 評価の観点を押さえる

2017年からの学習指導要領改訂で、各教科における観点別学習状況の評価の観点は、「知識・技能」「思考・判断・表現」「主体的に学習に取り組む態度」の３観点となりました。改訂前の観点は「知識・理解」「技能」「思考・判断・表現」「関心・意欲・態度」の４観点でした。事前に研究授業を行う教科の評価の観点を確認しておきましょう。

3 評価規準を押さえる

観点別学習状況の評価の基となるものが「評価規準」です。各教科の学習指導要領の目標に照らして、その実現状況を評価の観点ごとに文書で表現（～を理解している、～を身に付けている、～を振り返り生かそうとしている、など）したもので、各学校で作成します。教師は学習のまとまりの中で、評価規準の達成状況から観点別学習状況をＡ・Ｂ・Ｃで評価します。

4 学習評価をどのように行っているかを押さえる

評価の各観点を「どのように見取るか」を明確にすることが必要です。その例として、試験や小テスト、レポートやノートの記述、発言やグループでの活動内容、作品製作への取り組みなどが挙げられます。そして、試験や小テストなどの結果としての見取りだけでなく、学習の過程における形成的な見取りも必要です。また、「見取り」を蓄積し、観点別の評価材とすることが求められます（ポートフォリオ評価など）。

示範授業では、評価の各観点を実際に「どのように見取っているか」「どのように蓄積しているか」をしっかりと参観し、必要なことは聞き取るようにしましょう。

心より出づるものは心に徹す。〈イギリス俚諺〉

What comes from the heart goes to the heart.

3-(1)-11

⑴学習指導 プリント作成と著作権

「授業で使うためなら、既存の著作物を著作権者の許諾を得ずにコピーしてプリントを作成し、児童生徒に配付しても大丈夫だよ」って、先輩に聞いたことがあるけれど……。
授業に使う目的であれば、著作権者に対する配慮はいらないのでしょうか。

自分の考えを書き込んでみよう

教育機関における複製についての留意点

1 著作権法第35条により、一定の条件が必要

著作権法第35条第１項には「学校その他の教育機関（営利を目的として設置されているものを除く。）において教育を担任する者及び授業を受ける者は、その授業の過程における使用に供することを目的とする場合には、必要と認められる限度において、公表された著作物を複製することができる。ただし、当該著作物の種類及び用途並びにその複製の部数及び態様に照らし著作権者の利益を不当に害することとなる場合は、この限りでない」とあるように、まったく自由に著作物を複製できるわけではありません。著作物をコピーしてプリントを作成する場合は、必要最小限の範囲で複製し、おおむね50名（該当学級の児童生徒数と担任する者の和）以内の部数で複製するなら問題はありません。

2 「著作権者の利益を不当に害する」こととなる場合は

授業中や授業後のプリントを作成する場合、市販のドリルやワークブック、資料集などからの複製は、児童生徒個人が購入をして使用するために販売されている教材であることから、「著作権者の利益を不当に害する行為」となります。したがって、上述した著作権法第35条は適用されません。

3 「授業」とは、教科の授業だけではない

ここでの「授業」とは、教科を対象とした授業に限ったものではありません。教育課程に位置付けられた「特別活動（学級活動）、特別教科道徳、総合的な学習（探求）の時間」なども含まれます。小学校・中学校においては、学習指導要領で正規に位置付けられている教育活動が、高等学校においては単位認定の教育活動が基本となります。また、小・中・高の運動会（体育祭）や文化祭などの学内行事、必修のクラブ活動なども含まれます。

4 児童生徒の作品にも著作権がある

児童生徒が書いた作文、詩、感想文、日記や手紙など、図画工作や美術の時間に描いた絵にも著作権があります。したがって、教育のための活用でも、教師が勝手に複製したり、加工したりすることは許されません。事前に許可を得るようにしましょう。

指導を受けているという意識を常にもって

皆さんは教育実習に向けて、様々な準備をしていることと思います。教材研究や児童生徒への対応について、いろいろな場面を想定して学習を進めていることでしょう。それ以上に、皆さんを受け入れる学校は、教育実習に向けて準備をしています。

まず、皆さんを受け入れる学校の現状を確認してみましょう。平成28年度教員勤務実態調査の結果を次に示します。

	小学校	中学校
勤務開始・終了時刻	8：15〜16：45	
出勤平均	7：30	7：27
退勤平均	19：01	19：19
平均学内勤務時間	11時間15分	11時間32分
有給取得	11.6日	8.8日

上記のように、学校における働き方改革の取り組みは進んでいるものの、教師は依然として多忙を極めているのが現状です。

このような状況においても、学校は後輩を育成するという強い使命感で、実習生を受け入れてくれています。学校では実習生を受け入れるために、様々な準備が行われます。

もちろん、学校長をはじめとした様々な教職員が、実習生の授業のための準備は当然行いますが、それ以外にも実習生の控え室、職員室の配置、ロッカールームの整備、靴箱や教室の机の準備など、様々な対応が担当教員を中心に行われます。

その中でも、最も大変なのが指導教員です。実習生が担当する授業範囲や内容、研究授業の予定、受け入れる学級など様々な準備を行っています。

教科に関しては、実習生がスムーズに授業を行えるよう、児童生徒にそれまでの学習をしっかり理解させるため、より丁寧に授業を進めています。

また、実習が予定した単元になるように、授業進度も調節します。時には、実習生が困らないように、難しい質問については控えるように指導してくれる場合もあります。

担任となる学級においては、実習生が問題行動の対応に苦慮しないように、事前に学級づくりを丁寧に行い、問題が発生しそうな場合には、実習前に解決しておくように通常以上の労力を割きながら学級指導にあたります。

このような環境づくりを行い、お膳立てができた中で教育実習を受け入れていることを、実習生は理解してください。

さらに、実習生にしっかりとした教師になってほしいという学校の願いから、指導教員は、学内でも特に指導力のある者があたることがよくあります。

最近では、教師の平均年齢が下がっているため、比較的若い教師が指導にあたることがありますが、その中でも指導力に優れた教師

が選ばれています。

皆さんが教育実習で教室に入ると、児童生徒がとても温かく迎えてくれるでしょう。しかし、よく観察すると問題を抱えている児童生徒がいることに気付くはずです。

最初から、素晴らしい学級ができ上がってはいないことを理解してください。あなたを迎え入れるために、指導教員が一所懸命に学級づくりを行い、受け入れる体制ができたところに、あなたがやってきているのです。

では、実習生は指導教員にどのように対応すべきでしょうか。教育実習の目標は、「教育の現場において、真摯な実体験を通じて、教師となるために必要な能力の基礎を確立すること」とあります。

「真摯」な態度とは何でしょうか。「真摯」とは、「真面目でひたむきな態度」という意味です。皆さんにはそれに加えて、このように受け入れてくれていることへの「感謝」と「指導を受けさせてもらっている」という心で、教育実習に参加してほしいと思います。

ある実習生の事例を紹介します。その学生は、教育実習に一所懸命取り組んでいたのですが、大学で学んだことは違うと言って、指導教員の授業法を否定しました。

指導教員は、長年の実践の中で培ってきた経験と様々な研究会や研修で得た知識や子どもの現状から授業づくりをしていました。

実習生は、その授業法が自分の学びと合っていないとして否定したのです。指導教員が頭を抱えて、相談してきたことを覚えています。最終的には、その学生のやりたいように授業をさせ、教育実習が終わった後に指導教員がもう一度同じ単元をやり直していました。

教育実習とは、自分の教育方法を試す場ではありません。学校現場を経験し、そこで実際に取り組んでいる教師の実践力を学ぶ場です。

常に学ぶ姿勢で教育実習に取り組むべきです。指導教員によっては、実習生に好きなように授業を行うようにと言うかもしれません。その場合も、指導教員の授業を参考にしながら授業をつくるべきでしょう。あなたが行う授業は、あくまでも指導教員の延長の授業であり、指導教員の学級なのです。

最初に述べたように、教師は多忙を極めています。その中で、教育実習を受け入れてくれているので、実習生として少しでも指導教員の手伝いをすることも大切です。時間を見つけて、「何かお手伝いすることがありませんか」と声をかけるだけで、指導教員に心が伝わります。

また、中学校や高等学校では、部活動にも積極的に参加することも大切です。ある校長先生がこんなことを言っていました。「教育実習ノートも大切だが、貴重な実習経験なので積極的に生徒に関わってほしい。ノートは簡単でよいから、その分、部活動などに参加して大学で経験できないことを経験してほしい。」

まとめると、多忙な中で教育実習を受けているという意識をもって、次のように取り組んでください。

① 常に謙虚な気持ちで
② 教えてもらっているという感謝の気持ちで
③ 児童生徒に積極的にふれあう

この心を忘れずに、貴重な実習で学校を学んできてください。

3-(2)-1

⑵生徒指導 児童指導〈小学校〉

自分が授業を行っているときに、突然、児童が教室を飛び出してしまいました。
あなたは、この児童がなぜ教室を飛び出したと考えますか。
考えられる理由と、その後の対応について、自分の考えを書きましょう。

自分の考えを書き込んでみよう

教室を飛び出した理由

その後の対応

小学校の児童指導のポイント

1 小学校における児童指導の基本とポイント

児童指導は、すべての児童のそれぞれの人格のよりよい発達を目指すとともに、学校生活がすべての児童にとって有意義で興味深く、充実したものになることを目指しています。学習指導と両輪であり、児童の問題行動への対応にとどまるものではありません。

〈ポイント１〉児童理解

児童とのふれあいに心がけ、きめ細やかな観察や一人一人と話す機会を大切にします。また、学年団の教師、専科の教師、養護教諭などと情報交換を行うことも大切です。

〈ポイント２〉信頼関係の構築

日頃の児童とのふれあいとともに、児童に対する教師の姿勢や言葉かけ、授業の充実感や達成感を生み出す指導、児童の特性や状況に応じた的確な指導、不正や反社会的な行動への毅然とした態度などを通じて、信頼関係が築かれます。

2 小学校における問題行動の特徴と対応

問題行動の特徴としては、その要因を理解することがとても重要です。

①児童の性格や発達に起因する問題、②友達との関わりに起因する問題、③家庭など環境を要因とする問題など、教師は児童の抱えている課題を的確に捉え、対応していくことが必要です。そのためには、学級担任だけでなく、前学級担任からの情報や、学年団の他の教師や養護教諭、児童支援専任、管理職からの指導助言など、「チーム学校」として対応することもあります。

3 支援を必要とする児童への対応

「困った子」は「困っている子」です。教室を飛び出してしまったという行為だけを見るのではなく、その原因を考えていくことが重要です。まずは、児童の話をじっくり聞くことです。説明できないこともありますが、教師はしっかりと児童に向き合い、話のできる環境をつくることが大切です。また、児童が「困っていること」を伝えることも目標です。

ぜひ教育実習でも、一人一人の児童の話をゆっくりと聞くことを心がけ、実行するように努力してください。

3-(2)-2

⑵生徒指導
生徒指導〈中学校〉

自分が授業を行っているときに、突然、生徒が教室を飛び出してしまいました。
あなたは、この生徒がなぜ教室を飛び出したと考えますか。
考えられる理由と、その後の対応について、自分の考えを書きましょう。

自分の考えを書き込んでみよう

教室を飛び出した理由

その後の対応

中学校の生徒指導のポイント

1 中学校における生徒指導の基本とポイント

生徒指導の目的は、個性の伸張にあります。中学校は、今まで「児童」と呼ばれてきた生活から「生徒」という名称に変わるだけでなく、大人としての行動が要求され始める時期でもあります。中学校の３年間で、子どもから大人としての行動を要求されるための大きな成長を支援していくことが、中学校の生徒指導です。中学校では、各学年で生徒指導の基本方針を出しながら、支援にあたっていきます。そのポイントの例を示すと、次のようになります。

１学年：人としての生活の基本を理解する
２学年：自ら人としての行動を行う
３学年：人として集団に関わり、よりよい集団づくりを行う

このように、段階的に指導にあたることが重要となります。

2 中学校における問題行動の特徴と対応

皆さんは、反抗期があったでしょうか。中学生のこの時期は、子どもと大人の狭間で心が不安定となります。子どもの心をもちながら、体は大人となりホルモンのバランスが崩れ、自己や社会に対する不安が不満となって爆発することもあります。教師は、その不安定さを理解しながらも、問題行動には毅然とした態度で対応する必要があります。ただし、実習生が単独で指導にあたることは禁物です。生徒指導を行う必要がある場合でも、必ず指導教員の指示の下、複数で対応します。ここでも「報告・連絡・相談（ホウ・レン・ソウ）」が重要となります。

3 支援を必要とする生徒への対応

生徒が教室を飛び出してしまった原因には、どのようなことが考えられるでしょうか。「勉強がわからない」「仲間とのいざこざ」「教師との関係」「家庭の問題」など、様々な原因が考えられます。また、通常学級に６％以上在籍しているという発達上の課題が原因かもしれません。このような生徒は、今まで外に向かっていた不満が自分自身に向かい、他人との違いから自虐的になったり、他罰的・暴力的になったりすることがあります。このような場合は、注意するのではなく、しっかりと話を聞き、寄り添いながら共に改善策を考える姿勢が大切です。

⑵生徒指導
生徒指導〈高等学校〉

自分が授業を行っているときに、朝のホームルームにいた生徒の姿が見当たりません。
あなたは、この生徒がなぜ教室からいなくなったと考えますか。
考えられる理由と、その後の対応について、自分の考えを書きましょう。

自分の考えを書き込んでみよう

教室からいなくなった理由

その対応

高等学校の生徒指導のポイント

1 生徒指導の目指すもの

生徒指導は、すべての生徒のそれぞれの人格のよりよい発達を目指すとともに、学校生活がすべての生徒にとって有意義で興味深く、充実したものになることを目指しています。そして、自己実現を図るための自己指導能力の育成を目指すためにも、学校生活において生徒自らが意欲をもって活動することが前提となります。

2 生徒指導の基盤をなす人間観

教師自身が、幅の広い人間観を確立することが、最も基本的で重要なことです。例えば、教師が、①生徒はかけがえのない人格をもつ、②生徒は主体的に行動する、③生徒は個別性と独自性をもっている、④生徒は発達の可能性をもっている、⑤生徒は社会（集団）の中で成長する、などの人間（生徒）観をもって生徒の指導にあたるならば、教師と生徒の間に豊かな人間関係が築かれ、生徒の人生や生き方に望ましい影響が与えられることとなります。

3 教師の役割と在り方

教師は生徒に対して、人間対人間としての適切な関わり方を、特に要求されます。①信頼される教師、②的確に生徒を理解できる教師、③人間性豊かな教師、など豊かな人間性をもつ教師に出会うことは、生徒自身の望ましい人間性を形成する上できわめて重要なことです。

4 生徒理解と教育相談と緊急対応

生徒指導は、一人一人の生徒の人間性の伸長を図りながら、同時に社会的な資質・能力・態度を育成していくための指導や援助です。そのためには、生徒のもつ特性や傾向、心情をよく理解し、把握するという生徒理解が大切です。

教師と実習生とはまったく違います。その自覚は必要です。緊急対応時でも、実習生が単独で指導にあたることは禁物です。指導教員の指示の下、必ず複数で対応しましょう。

⑵生徒指導
児童生徒との人間関係

学級では、あなたのことを児童生徒が目を輝かせて待っています。
そして、「先生、先生」と寄ってくることでしょう。
その姿はとても可愛く思えるかもしれません。
あなたは、この児童生徒とどのような人間関係をつくれば
よいのでしょうか。

あなたの築きたい人間関係を書き込んでみよう

人と人との関係を築くために

1　心と時間にゆとりをもって

常に心と体の健康に気を付けて、笑顔で接することを心がけましょう。そして、時間にゆとりをもつことです。時間にゆとりをもって実習校に行き、1日の流れを確認できると、心にゆとりが生まれます。登校してくる子どもたちを明るく、さわやかな挨拶で迎え、話を聴いたり、一緒に遊んだりできると、子どもたちの様々な面が見えてきます。

2　子どもたちとの望ましい人間関係をつくるために

児童生徒には、「○○さん」と声をかけます。名前はその子ども固有のもので、自分の名前で声をかけられた子どもは、自分が認められていると実感します。その上で、一人一人を理解し、適切な対応をしていくことが必要です。そのときに大切なことは、

① 児童生徒の発想やつまずきを温かく受け止め、生かそうとすること。
② 「がんばろう」という意欲を大切にすること。
③ 周りの教師の関わり方をよく見て、その意図を理解して関わること。

互いにわからなかったら積極的に聞いてみようという姿勢が必要です。

3　児童生徒をより理解するために

望ましい人間関係をつくるためには、一人一人を理解し、把握することが必要です。

① 休み時間や給食の時間には、積極的かつ意図的に声をかけましょう。
② 児童生徒から話しかけられたら、手を止め、相手に体を向けて、ゆっくりと話しましょう。児童生徒が安心感をもつことは、理解する第一歩になります。
③ 児童生徒の行動を決めつけず、「気持ちを理解しよう」とする姿勢が大切です。例えば身をかがめて児童生徒の目の高さで耳を傾けていると、児童生徒は「うれしかったこと」「悲しかったこと」「くやしかったこと」などを少しずつ話し始めます。
④ 「ありがとう」「うれしい」「ごめんね」など、自分の気持ちを素直に表す言葉かけをしましょう。すると、児童生徒は心を開いて本音を話すようになります。
⑤ まず、相手の声を十分に聴いてみましょう。「十分に話を聴いてもらえた」と実感したとき、人は素直な気持ちになり、自分のことを語り、そして己を振り返ることができます。友達ではなく、教師と児童生徒との関係ですが、人と人との関係であることを忘れないことです。

存在して居る人はあるが、生活しておる人は少ない。動いて居る人はあるが、働いておる人は少ない。
〈暁烏敏〉

3-(2)-5

⑵生徒指導 学級経営

あなたが担任になったら、どんな学級をつくりますか。
また、そのことを、最初の学級指導でどのように児童生徒に話しますか。
実際に話すつもりで書きましょう。

自分の考えを書き込んでみよう

学級経営の充実を図ろう

1　学級経営とは

学級経営は、カリキュラムのすべての中心であると言われています。学級経営は、学校の教育目標を達成するために行う学級での様々な指導や教育活動の土台です。学級担任の仕事には「経営」と「指導」の両輪があります。

また、学習指導要領（小・中学校は平成29年告示、高等学校は平成30年告示）には、『学習や生活の基盤として、教師と児童生徒の信頼関係及び児童生徒との相互のよりよい人間関係を育てるため、日頃から学級経営（高等学校はホームルーム経営）の充実を図ること』と示されています。その具体策は、

① 学校・学年経営を踏まえて学級経営の全体的な構想を学級経営案として整える。
② 児童生徒一人一人の実態を適切な方法を用いて把握し、確かな児童生徒理解をする。
③ 一人一人の児童生徒にとって存在感が実感できる学級をつくり上げるために、学級風土を支持的な風土につくり変えていく。
④ 日頃から、児童生徒に自己存在感や自己決定の場を与え、集団の一員として、その時その場で何が正しいかを判断し、自ら責任をもって行動できる能力を培う。
⑤ 教師の意識しない言動や価値観が児童生徒に感化を及ぼすこともあり、この見えない部分での教師と児童生徒との人間関係に十分配慮する。
⑥ 学級経営にあたっては、あらゆる教職員と連携しながら進め、開かれた学級経営（ホームルーム経営）の実現を目指す。
⑦ 充実した学級経営にあたっては、家庭や地域社会と連携を密にして児童生徒理解、児童生徒指導の在り方について共通理解を図る。

2　教育実習では、教師の児童生徒と関わる姿を

児童生徒に話したからといって、すべて聞いているわけではありません。また、聞いていたからといって、理解しているわけではありません。さらに、理解したからといって、実行するわけではありません。教師は、話したら、実行する児童生徒を育てていく必要があります。児童生徒のやる気に火を点け実行させられる話ができることが理想です。

教育実習では、教師の児童生徒と関わる姿を学びましょう。児童生徒一人一人の個性や一つ一つの教育活動の特性により、適切な時期や機会を設定し、工夫して、指導や支援をしている姿から学べるはずです。

健康は労働より生じ、満足は健康より生ず。〈ベッティー〉
From labour health, from health contentment springs.〈*Petty*〉

⑵生徒指導
学級指導、ホームルーム

学級指導とは何ですか。
良好な学級の雰囲気とは、どのようなものですか。
良好な学級を築くため、どのように取り組みますか。
ホームルームで何をしますか。

自分の考えを書き込んでみよう

学級指導の意味を理解しよう

1 学級指導、ホームルームを理解しよう

児童生徒は、いろいろな事情を背負って登校しています。家庭環境、友達関係、教室での自らの存在感・居場所、学習への理解など、一人一人が個別の課題をもっており、それらの課題（集団的な対応も含む）に対応することが学級指導になります。

2 良好な学級の雰囲気

児童生徒にとっての学級は、教育活動全体の基盤であり、最も安心できる、安全な環境でなければなりません。また、自らの存在感や居場所があり、学級の一人として、認知されていることが必要です。学級担任としての教師の目線が大切です。日々の児童生徒とのふれあいから、教師としての感性が鈍化しないようにすることが大切です。

3 良好な学級を築くために

学級担任として、まず、児童生徒の名前を早く覚えることが大切です。それと同時に、学級では愛情をもった信頼関係の築きが必要です。また、学校目標、学年目標、学級目標からの児童生徒の規範意識や、教師としての毅然とした姿勢、児童生徒一人一人のよいところなどの啓発、教育活動全体を通して温かい眼差しをもって、日々接していくことの積み重ねがほのぼのとした人間関係を築くことになります。

4 ホームルームでの活動内容

一般的に、「朝の会」「帰りの会」があります。「朝の会」では、児童生徒一人一人の健康観察、児童生徒への連絡（1日の予定など）、順番による児童生徒のスピーチなどで、児童生徒の「表現力」を培います。「帰りの会」では、配布物や家庭への連絡、友達のよいところを見つけたこと、1日で印象に残ったことなどを話し、それらを共有し合い、児童生徒の「表現力」を培います。また、学級担任としての一言を加え、1日を終えます。

3-(2)-7

⑵生徒指導 保健指導

登校してきた児童生徒一人一人の健康状態はどのように
確かめたらよいでしょうか。また、体調管理だけでなく、
心の状態はどうでしょうか。
児童生徒が、もし怪我をしてしまったら、嘔吐して
しまったら、実習生としてどのように対応すべきでしょうか。
また、実習生としての体調管理は
万全でしょうか。

自分の考えを書き込んでみよう

保健指導で心がけること

1 日々の健康観察を大切に、心の声も聞こう

児童生徒の毎日の健康観察は、大切な保健指導の一つです。毎日、児童生徒の声を聞き、健康状態を確認することで、児童生徒の微妙な変化に気付くこともあります。ただし、人前で話すことが苦手な児童生徒もいます。特に、心の健康に関しては、表面上はわかりにくいことも多いため、毎日のコミュニケーションの中で気付いたことがあれば、指導教員に相談するようにしましょう。

2 保健指導は教職員が相互に連携して行おう

保健指導は養護教諭に任せきりにするのではなく、学級担任、養護教諭、スクールカウンセラーなどが連携し、チームで行うことが大切です。衛生管理、怪我や感染症予防、食育、性教育など、様々な内容が考えられます。実習生として、自分が学級担任であったらどう連携すべきか、考える機会にしてみましょう。また、一人では対応しないようにしましょう。

3 児童生徒の怪我・体調不良時には適切な対応を

例えば、児童生徒の骨折が疑われる場合はRICE（Rest：安静、Icing：冷却、Compression：圧迫・固定、Elevation：挙上）を行ったり、児童生徒が嘔吐した際は、それ以外の児童生徒に感染しないよう適切に嘔吐物処理を行うなど、不測の事態に備えて基本的なことは理解しておきましょう。また、実習生としては、このような場合、必ず指導教員や近くにいる教職員に報告します。実習生のみで判断せず、「報告・連絡・相談（ホウ・レン・ソウ）」を徹底することが重要となります。実習前や実習中に、学校内の緊急時マニュアルなどを確認させてもらいましょう。

4 実習生としての衛生・健康管理は大前提

実習する際は、実習生自身の健康状態が良好であることが大前提となります。基本的な衛生管理も大切です。児童生徒だけでなく、実習生自身も正しい手洗いをし、咳エチケット（咳をするときはマスクやハンカチなどで口や鼻を覆うか、ないときは上着の内側や袖で覆う）を徹底します。実習生が体調不良時に学校に行くことで、感染症を広げてしまう可能性があることを理解しておきましょう。

⑵生徒指導
給食指導や食物アレルギー対策

給食指導に必要なことはどんなことでしょうか。
もし、学級に食物アレルギーがある児童生徒がいたら、
どのような点に気を付けるとよいでしょうか。
一人一人の児童生徒にとって、給食の時間が楽しく、
安心・安全な時間であるためには、どのようなことに
心がけたらよいでしょうか。

自分の考えを書き込んでみよう

給食指導や食物アレルギー対策のポイント

1 給食指導で気を付けること

給食の際は、給食当番が給食着に着替えて給食室などに食缶を取りに行き、配膳するといった一連の流れがあります。配膳をする給食当番の衛生・体調管理は特に重要です。給食当番が下痢・嘔吐・腹痛・発熱などの体調不良が見られるときは、感染症を学級全体に広げてしまう可能性があるため、当番を交代するなどの配慮が必要です。また、石けんで手を洗っているか、帽子の中に髪の毛がしっかり入っているか、マスクで口と鼻が覆われているか、爪は切ってあるか、といった身だしなみも確認します。実習生は児童生徒の見本となるため、常に爪は短く切り、手洗いも石けんを使って行い、長い髪は結んで帽子の中に入れるなど、身だしなみや衛生管理も徹底しましょう。

2 食物アレルギー対策

食物アレルギーのある児童生徒の割合は、「平成28～29年度児童生徒の健康状態サーベランス事業報告書」によると、医師の診断に基づく有病率で3.0%と年々増加しており、クラスに1人いてもおかしくない状況となってきています。食物アレルギーのある児童生徒は、医師の診断による「学校生活管理指導表」を提出し、保護者、栄養教諭、養護教諭などとともに事前に献立を確認しますが、実際に除去食などを配膳する際は、トレーの色を変える、アレルゲンが明記された専用の名札を使うなど、配膳ミスをなくす配慮が必要です。また、おかわりをする際には、学級担任が最も身近にいる大人となるため、必ず確認をする必要があります。アナフィラキシー反応など、生命を脅かす場合があることも知っておきましょう。食物アレルギーのある児童生徒については、指導教員の指示に従います。同じテーブルで食べるときにも、誤って食物アレルギーのある児童生徒の皮膚などにアレルゲン（牛乳などの場合）が付かないよう配慮する必要もあります。

3 すべての児童生徒が楽しく食べるために

何より大切なのは、すべての児童生徒にとって給食の時間が楽しく、かつ安全・安心であることだと言えるでしょう。中には、宗教上食べられない食物がある児童生徒もいます。実習生としては、状況がわからないまま無理に食べさせる声かけは控え、指導教員に確認しながら、楽しく食べることを心がけましょう。

3-(2)-9

⑵生徒指導
清　掃

児童生徒は、教師としてのあなたの人柄や働く姿を見ています。
あなたは清掃のときに教師としてどのようなことをしますか。

自分の考えを書き込んでみよう

清掃することの楽しさを体感しょう

1 きれいになることの喜び、満足感

学年によっては、複数の清掃箇所（教室、廊下、家庭科室、理科室、図工室、美術室や技術家庭科室、図書室など特別教室、玄関校舎の階段，校庭など）を分担しています。５～６人のグループを編成しての清掃です（トイレ掃除については、市町村によって、委託業者が行っている場合もあります）。児童生徒自らが清掃することで、きれいな環境を維持し、喜び、満足感などを体感することができます。

2 清掃の仕方を共有し合い、効果的に行う

教室清掃の場合、まず、机を後ろに（前に）移動させ、その空間をほうきではき、雑巾で空拭きをします。次に、机を前に（後ろに）移動させて、後ろ（前）の空間をはき、空拭きをします。そして、机を元の状態に戻し、整理整頓をします。最後に、教室のごみ箱のごみを、所定のごみ捨て場へ捨て、互いに「ご苦労様でした」と述べ合い、終了します。

3 清掃を通して教師としての自らの姿を見せる

原則として小学校中学年からは、教室、廊下、特別教室など、複数の清掃場所があります。高学年からは、体育館や校庭が入る場合があります。教師として、今日は体育館、明日は教室…といった場所を決め、児童生徒とともに清掃をします。互いに力を合わせることで、きれいになった喜びや満足感を共有し人間関係を深めます。

3-(2)-10

⑵生徒指導
休み時間

休み時間の過ごし方が大切なのはなぜでしょうか。
児童生徒にとっては、休憩や次の授業の準備、また仲間との交流を深める時間でもあります。
教師にとっては、次の準備を行う時間でもありますが、教師が不在の場合に、問題や事故が起こる場合も多く、児童生徒が自分で自分を指導していく「自己指導能力」を育んでいく必要があります。
休み時間に起きることにはどんなことがあるでしょうか。

自分の考えを書き込んでみよう

休み時間の過ごし方が大切な理由

1　学校によって休み時間の形態が違う

一般的な休み時間は10分間であることが多いです。小学校など初等教育の学校では、2～3時間目の間に、通常の休み時間より長くした中休みを取り、体を動かす時間を設けている場合もあります。また、昼休みは、校庭に出て友達と遊んだり、図書館で読書をしたり、教師に授業の質問をしたり、給食のあるところでは後片付けの時間などにも使います。

2　休み時間に起こる問題もある

友達と遊びながら、教室内や廊下を走り回って怪我をしたり、事故を起こしたりすることがあります。

また、本来、次の授業の準備であるにもかかわらず、教室にいなかったためにチャイムと同時に授業が行えないなどの問題も出てきます。

ほとんどの学校では、休み時間の過ごし方などの心得が定められています。

3　児童生徒の「自己指導能力」を育てよう

休み時間は、教師の目が届かない場合があります。学校における働き方改革では、休み時間における対応を「学校の業務だが、必ずしも教師が担う必要のない業務」と位置付けています。そのためにも、児童生徒が自分から進んで学んだり、自分で体を動かしたりしていく力、自分から問題を発見し、自分で解決しようとする力である「自己指導能力」を育む必要があります。

4　効果的な教育相談の時間として有効

休み時間に教室やグラウンドに足を運び、児童生徒の様子を観察しましょう。また、その時間を利用して、児童生徒との交流を深めるようにしてください。その中から、不登校やいじめ、問題行動といった具体的問題が現れ、明確になっていく場合があります。児童生徒の問題を少しでも早く発見し、問題解決が困難になる前に対応できるよう、教師の感覚や感性、観察力が必要です。

⑵生徒指導
放課後（委員会活動、部活動、補充学習）

放課後は、学校の正規の教育活動が終わった後の時間帯です。
学校では、放課後に委員会活動、部活動、補充学習などの様々な活動が行われています。
放課後は、児童生徒に個性を伸ばすことや、自分の成長に対する意欲を高める機会を与えてくれます。
あなたは放課後の活動にどのように関わりますか。

自分の考えを書き込んでみよう

放課後活動の意味について考えよう

1 児童生徒の成長を促す機会にしよう

学校の教育活動はあらゆる場で行われます。放課後も重要な場です。

自分の成長に対する意欲を高めたり、将来の生き方を考えたり、集団の中で互いに切磋琢磨して高め合ったりする機会を得る貴重な時間となります。また、個別的な指導を通して学力の補充指導を行う場合もあります。

2 委員会活動を通して学校生活の充実を図る

児童会・生徒会の委員会活動の議題には、校庭での安全な遊び方や学校行事の準備などの当面の課題を話し合い、問題解決、実践などの活動を通して学校生活の充実や改善向上を図っていきます。児童生徒が主役となって、自らの居場所をよりよくすることに、教師も積極的に関わっていくことが期待されます。

3 部活動は生徒の自主的・主体的な取り組み

生徒の自主的・主体的な参加により行われる中学校・高等学校の部活動は、放課後などに行われてきました。しかしながら、勝利至上主義による行き過ぎた指導や、教師の負担などがクローズアップされ、“ブラック部活”とまで言われることもありました。スポーツ庁は2018年、「運動部活動の在り方に関する総合的なガイドライン」を策定し、部活動は大きな転換点を迎えています。真に生徒が主体的に活動できる場となるよう、外部人材の活用も含め部活動の在り方が問われています。

4 補充学習などの学習の場を提供しよう

学級を単位として集団の形態で行われている学習指導についても、それぞれの児童生徒にとって身に付いた学力の向上を図ろうとするならば、学力の個人間の差異を考慮した個別指導の必要性が生じます。学校によっては、放課後の一定程度の時間を使い、学業不振の児童生徒のための補充指導や自習ができるような場を設けているところもあります。

3-(2)-12

⑵生徒指導
危機管理

授業中に挙動不審で怪しげな人が廊下を歩いています。
あなたは、児童生徒を守るために
どのような初期対応をしますか。
考えられる理由と、その後の対応について、学級担任になった
つもりで自分の考えを書きましょう。

自分の考えを書き込んでみよう

学校における危機管理のポイント

1 危機管理の定義

人々の生命や心身などに危害をもたらす様々な危険が防止され、万が一、事件事故が発生した場合には、被害を最小限にするために適切かつ迅速に対処することです。

2 危機管理の必要性

学校は、子どもたちが安心して学ぶことができる安全な場所でなければなりません。事件・事故や災害（危機と同義）は、いつ、どこで、誰に起こりうるかを予想することが困難です。

しかし、対策がないわけではありません。不審者侵入や地震、感染症、食中毒などに対する適切かつ確実な危機管理体制を確立しておくことが、すべての学校において緊急かつ重要な課題です。

3 危機管理の目的

(1) 子どもたちと教職員の生命を守ること
(2) 子どもたちと教職員の信頼関係を維持し、日常の組織・運営を守ること
(3) 学校に対する保護者や地域社会から信用や信頼を守ること

4 危機管理のプロセス（段階的対応）

危機管理には、次のプロセス（段階的対応）があります。

(1) リスク・マネジメント（事前の危機管理）
①危機の予知・予見、②未然防止に向けた取り組み、③日常の安全確保

(2) クライシス・マネジメント（事後の危機管理）
①緊急事態発生時の対応、②被害を最小限に抑止、
③対応の評価と再発防止に向けた取り組み、④通常生活再開、⑤心のケア

(3) 日頃の準備
災害にはハザードマップ、事件・事故には対応マニュアルなどがあります。実習生も一読する必要があります。

⑵生徒指導
防　災

担当した授業中に震度３の地震が発生しました。
あなたは、児童生徒に対し、どのような指示を出しますか。
考えられる理由と、その後の対応について、自分の考えを
書きましょう。

自分の考えを書き込んでみよう

学校における防災教育

1 防災教育の基本とポイント

防災教育の基本は「命を大切にする教育」であり、「生きる力を育む教育」です。災害が起きたとき、どう行動したらよいか、日ごろから災害時の行動をシミュレーションしておきましょう。「備えあれば憂いなし」、いつ起こるかわからない地震に備えて7つのポイントがあります。①大地震は必ず起きる。②まず生き残る、そして、怪我をしない。③日頃からのつながりを大切にする。④いざという時のために備えておく。⑤子どもたちを守る。⑥学校は避難所（場所）になる。⑦最後は人と人のつながり、です。

2 教職員（実習生）としての自覚をもち、行動しよう

教職員は、児童生徒の命を守らなければなりませんが、同時に多数の児童生徒を守るのは困難です。激しい揺れのときは、教職員も自分の命を守ることで精一杯ですし、いつも児童生徒のそばにいられるとは限りません。自分の命は自分で守るために、地震のときのとるべき行動を児童生徒に教えておく必要があります。

児童生徒の生命の安全確保をすべてに優先させ、安全のための避難誘導に全力を挙げます。そのために、事前に作成してある防災計画や危機管理マニュアルなどについて十分に理解するとともに、各自の任務分担に応じて対処できるようにしておくことが不可欠です。

3 結局、頼りになるのは地域での助け合い

①災害に対する心構えを身に付ける。②相手（災害）をよく知る。③いざというとき、落ち着いて行動できるよう技能を磨く。④防災の視点から校舎内外の安全性のチェックを行う。⑤学校生活を通して集団におけるルールや仲間とのつながりを学ばせておく。

防災は地域全体で担うものであり、校内だけでなく家庭や地域社会との連携・協働を強化することが不可欠です。

そのためには地域防災訓練への参加なども必要です。

実習生の立場においては、以上のことを理解した上で指導教員の指示に従い適切な対応をしてください。

威而不猛。〈論語〉
威あつて猛からず。

⑵生徒指導
教育実習中に起こりうる事故

教育実習中に特に気を付けなくてはいけない事故には
どんなことがありますか。
また、事故が起きたときにあなたはどう対応しますか。

自分の考えを書き込んでみよう

教育実習中の事故対応について考えよう

1 特に気を付けたい事故

⑴ 交通事故に注意しましょう。教育実習中は、日頃の大学生活とは大きく生活リズムが変わります。個人差はありますが、普段通らない道を使ったり、普段使っていない交通機関を使ったりして実習校に通勤するため、交通事故に遭うリスクが高くなります。実習期間中は、いつもより早く起床し時間的な余裕をもって実習校に向かうように心がけましょう。また、帰宅時にも慌てず、時間的余裕をもち、交通事故に遭わないよう十分に注意しましょう。

⑵ 実習中には、日頃と違う環境の中で、授業をしたり、児童生徒と関わったりします。実習中は児童生徒の安全に十分に留意することはもちろんですが、自分自身の安全にも気を付けましょう。以下、教育実習で起こる可能性が多い学校の事故を紹介します。

① 休み時間、児童生徒と接触し怪我をさせる。(自分も怪我をする)
② 教育実習で知り得た児童生徒の個人情報をSNSなどで拡散させる。
③ 児童生徒の態度や言動に腹を立て、体罰を行う。
④ 児童生徒に対して、パワハラ・セクハラを行う。
⑤ 授業中、誤って実習校の施設や設備を壊す。

特に、②③④は、児童生徒の心身に大きな傷を負わせてしまう甚大な事故につながります。また、自分自身の教育実習が即中止となるばかりか、後輩の教育実習にも悪い影響を招くこととなるので十分に気を付けましょう。

実習生も大きな問題となる事故を引き起こさないよう、現職の教師と同様に、常に危機意識をもって行動するように心がけましょう。

2 もし、事故が起きてしまったら

事故防止に努めていても、校外や校内で事故が起こってしまうことがあります。事故が起きた際、どう適切に動くかということも教師には求められています。

事故が起きた場合、すぐに担当教員を通して管理職に連絡して指示を受けるようにしましょう。状況によっては警察や消防などの関係機関への連絡を優先しましょう。また、状況を大学の事務局にも連絡し、指示を受けるようにしましょう。さらに、事故の状況により、学生教育研究災害傷害保険の対象となりますので、そのときの状況を正確に記録しておくことも大切です。

決心に遅くとも実行に速かなれ。〈ドライデン〉
Slow to resolve, but in performance quick. 〈Dryden〉

3-(2)-15

⑵生徒指導
器物破損

授業の準備中、学校用コンピュータのコードを足に引っ掛けて床に落とし、コンピュータの液晶画面を壊してしまいました。この後、あなたはどうしますか。

自分の考えを書き込んでみよう

実習校の設備や機器の取り扱いについて考えてみよう

1 学校の設備や教育機器を壊してしまったら

教育現場では今、学習目標を達成するために、教科指導において使用するICT機器や設備をはじめ、児童生徒の実験や観察などで使用する機器などの備品が積極的に導入されています。これらの設備や教育機器は、教師が指導に使用するだけではなく、児童生徒にも積極的な活用が行われ、教育効果を上げています。実習中には、授業の目標達成のため、また、児童生徒の理解をさらに深めるため、これらの学校の設備や教育機器などの備品を積極的に活用していくことが求められます。

これらの学校の備品を使用する場合は、使用方法を指導教員によく聞き、取り扱いに十分注意しながら使用していくことが大切です。しかしながら、誤ってそれらの設備や機器を壊してしまうことがあります。壊した際の状況によっては周りの教師や児童生徒が破片などによって怪我をしないように、後片付けや清掃を念入りに行い安全確保に努めることを忘れないようにしましょう。

壊してしまった物品は、壊した人が弁償するというのが社会の常識です。実習生といえども、その責任は免れることはできません。

学校の設備や機器は、一人の教師だけが使用するわけではありません。次に授業で使用する教師が困らないよう、壊してそのままにすることなく、きちんと指導教員に報告し、校長にしっかりと謝罪をしましょう。

学校の備品や機器に、学校側で保険をかけている場合もあり、弁償の必要がないこともあります。だからと言って責任が消えるわけではありません。多くの人にも迷惑をかけますので、誠実に、謝罪の気持ちを学校側にしっかりと伝えるように心がけましょう。

2 賠償責任保険について

大学が認めたインターンシップなどの体験活動、介護体験活動、教育実習中及びその往復中における事故が対象で、他人に怪我を負わせた場合、他人の財物を損壊した場合、損害についての保険金が支払われます。教育実習中は事故がないことが一番ですが、実習中の事故に怯えずに安心して教育活動を行えるよう、実習前にはこのような保険に加入しているかどうか、必ず確かめておきましょう。

決心し、断行し、而して成る。〈スマート〉
Determined,dared,and done. 〈*Smart*〉

早寝・早起き・朝ごはん

Ａ小学校の９月の『学校だより』です。

実際に校長が生活リズムを整えることをテーマに全家庭に発信したものです。

さあ、２学期が始まりました。運動会、遠足、学習発表会、作品展など、大きな行事がたくさんあります。また、当面は教室での学習、炎天下での運動会の練習が続きます。夏休み中の時間に縛られることが少ない生活環境から学校生活のリズムに慣れるのは大変だと思います。そんなときこそ「早寝・早起き・朝ごはん」です。

少し前の話ですが、2006年に文部科学省で立ち上げた「早寝・早起き・朝ごはん」国民運動がありました。生活習慣は子どもの学力・体力・気力に大きな影響を与えています。昔と違い、一般的に大人社会は夜型となり、子どももテレビやゲームなどで夜遅くまで起きている傾向があります。また、昼間に外で十分に遊び（運動）をしていないため身体が疲れず、夜更かししてしまい、そのことが、起床や朝食の取り方にも影響し、生活リズムが整えられない子どもが増えてきています。時には、家族みんなで早めの就寝も大切かもしれません。

また、朝食は、脳と体のエネルギー源であり、朝食を摂取することで脳のエネルギーを補給し、生活リズムを整えます。朝食を摂取すれば、血糖値が上がります。血糖値上昇は、脳を働かせて、子どもの意欲や集中力を高め、学習効果が高まります。

文部科学省の調査でも、毎日朝食を取る子どもほど、ペーパーテストの得点が高いというデータもあります。また、朝食の摂取は、肥満や糖尿病などの生活習慣病の予防にも繋がると言われています。

家庭での生活習慣は、子どもの心身の発達に大きく関わってきます。早起きをして、朝の光を浴び、しっかりと学習や運動（外遊び）をして、ぐっすり眠ることの大切さを繰り返し伝え、よりよい生活習慣をつくっていきたいものです。

そして、子どもたちには元気溌剌な１日を過ごしてほしいと思います。そのためには十分な休養、睡眠が必要です。生活のリズムを整え、充実した日々を送らせたいものです。

教師として、最も大切なことは子どもたちの前に『元気な姿』で立つことです。もちろん、教育実習生も同じです。

そのためには、自分自身も『早寝・早起き・朝ごはん』を心がけ、朝型の生活をすることをお勧めします。

3-(3)-1

⑶キャリア教育
キャリア教育・進路指導

学習指導要領でキャリア教育が扱われていますが、
キャリア教育とはどのような教育でしょうか。
今まであった進路指導とはどう違うのでしょうか。

自分の考えを書き込んでみよう

進路指導からキャリア教育へ

1 キャリア教育ってどんな教育？

子どもたちが社会の一員としての役割を果たし、それぞれの個性、持ち味を最大限に発揮しながら自立して生きていくために必要な能力や態度を育てる教育で、特定の活動やプログラムを指すものではありません。また、上級学校への入学や就職を目指す進路指導や職業体験に特化したものでもなく、すべての教育活動で行われます。

2 なぜキャリア教育が必要か

様々な社会環境・経済環境の変化により、人間関係をうまく築くことができない、自分で意思決定ができない、自己肯定感をもてない、将来に希望をもつことができない子どもが増加していると言われています。このような中で子どもたちが「生きる力」を身に付け、社会の激しい変化に流されることなく、それぞれが直面するであろう様々な課題に柔軟かつたくましく対応し、社会人として自立していくことができるようにするキャリア教育が強く求められるようになりました。

3 なぜ進路指導ではなく、キャリア教育という言葉が使われるようになったのか

キャリア教育、進路指導は、共に社会的・職業的自立を目指し、自分らしい生き方を実現するというねらいをもっています。しかしながら、進路指導は中学校及び高等学校に限定された教育活動というイメージが強く、また進路指導を入学試験・就職試験に合格させるための支援や指導と考えている人も多く、本来の理念とは異なる傾向があります。

一方、キャリア教育は児童生徒の発達段階に合わせて行うもので、幼児期、小学校からの義務教育、高等学校と継続的に取り組んでいく必要があります。このようなことから、その理念を徹底させる意味でも進路指導ではなく、キャリア教育という言葉が使われるようになりました。

4 キャリア教育ではどのような能力を育てるのか

キャリア教育で育成すべき社会的・職業的自立に向けて必要な基盤となる能力は、将来子どもたちが様々な用途や分野で用いることができる「基礎的・汎用的能力」という言葉でまとめられています。「基礎的・汎用的能力」は、「人間関係形成・社会形成能力」「自己理解・自己管理能力」「課題対応能力」「キャリアプランニング能力」という4つの能力で構成されています。これらの能力をどのようなまとまりで、どの程度身に付けさせるかは、学校や地域の特色、子どもの発達の段階によって異なります。キャリア教育を進めていくためには、子どもたちの状況を分析し、どの能力に焦点を当てて、どうやって子どもたちに身に付けさせていくかを教職員全体で話し合いながら、計画的に取り組んでいくことが必要になります。

具体的には、例えば、話し合い活動で「多様な他者の考えや立場を理解し、相手の意見を聴いて自分の考えを正確に伝え」たり、係活動で「自分の役割を果たしながら、他者と協力・協働」するという「人間関係形成・社会形成能力」の育成を図ることができます。

このように、日常の教育活動を育成すべき能力という視点で見直すことがキャリア教育を進めていく大切なポイントになります。

⑴「人間関係形成・社会形成能力」

多様な他者の考えや立場を理解し、相手の意見を聴いて自分の考えを正確に伝えるとともに、自分の置かれている状況を受け止め自分の役割を果たしながら、他者と協力・協働して社会に参画し、今後の社会を積極的に形成することができる力。

⑵「自己理解・自己管理能力」

自分が「できること」「意義を感じること」「したいこと」を社会とのかかわりの中で考え、自分についての肯定的な理解に基づいて主体的に行動しようとするとともに、自らの思考や感情を律し、今後の自分の成長のために進んで学ぼうとする力。

⑶「課題対応能力」

仕事をする上での様々な課題を発見・分析し、適切な計画を立ててその課題を処理し、解決することができる力。

⑷「キャリアプランニング能力」

「働くこと」の意義を理解し、自らが果たすべき様々な立場や役割を考えて、自分が生きる上で必要な様々な情報を適切に取捨選択・活用しながら、自らが主体的に判断して自分のキャリアを形成していく力。

⑷実習日誌
日々の振り返り、明日へのビジョン

何のために実習日誌を書くのでしょうか。
どのように書けば正解なのでしょうか。
ただ面倒なだけだ…こうした疑問がありませんか。
実は、実習日誌を見るだけで、あなたの教師としての力がわかります。
正しい書き方を理解し、あなたの教師としての力を高めていくにはどうすればよいでしょうか。

自分の考えを書き込んでみよう

実習日誌の書き方を学び、価値を理解しよう

1 実習日誌の評価ポイント①

「自分自身で観察し、気付き、そこから自分なりにそのエッセンス（物事の本質や教訓）を取り出そうと主体的に取り組んでいるか」。つまり、観察力と気付きを得る力です。児童生徒との関わりを通して、一人一人の個性をつかむことができ、初めて学級経営や授業が成立します。そのためには、自分で観察し、気付く力が不可欠です。具体的な観察の視点は、p. 126～129を参照しましょう。

2 実習日誌の評価ポイント②

「自分自身の課題にしっかりと向き合っているか（正対しているか）」。つまり、内省し学びを深め続ける力（リフレクション）です。大学を卒業すると、あなたの教師はもういません。誰かに教わって初めて理解するのではなく、自分自身で学びとる力があって、初めて社会人として通用します。

3 どうすれば正しく書けるようになるのか

自分が興味のある授業内容を、次の4つの観点から振り返ってみてください。①「つまり」授業内容は何だったのか、②自分自身の経験と関連付けてどう説明できるか、③これまでに学んだ知識や理論と関連付けてどう説明できるか、④自分自身の課題とどのように関連しているか。

授業の課題を思い出してください。こうした問いではありませんでしたか。日々の授業を大切にし、そこから学びを深めようと自問自答を繰り返すことで、正しい実習日誌を書くことができるようになります。

4 なぜ実習日誌が重要なのか

実習日誌を正しく書くことができる人は、自ら観察し、気付き、そこから内省し学びを深め続けようとする人です。中央教育審議会が理想とする「学び続ける教員」とは、こうした力をもつ教師と言えるでしょう。実習日誌の書き方を見直し、日々の学びの深め方を実践して、理想的な教師に近づくよう努力してください。

習慣は人間性の最も深き法則なり。〈カーライル〉
Habit is the deepest law of human nature. 〈Carlyle〉

⑷実習日誌
実習日誌の書き方〈小学校〉

実習日誌は、作文や論文ではなく、教育実習での記録を
残すためのものです。
日々の記録には、何を書いたらよいのでしょうか。

自分の考えを書き込んでみよう

実習日誌を記入する上で気を付けること

1 児童理解

教育実習は、授業はもちろんのこと、児童を理解することから始まります。その観点や程度は様々ですが、個々の児童のことをどれくらい理解できたかという視点から体験を振り返ります。個人名など個人情報は記入しないようにします。

2 観察者として

「授業で勝負する」と言われるように、学校教育の要は、授業です。授業を参観するには、傍観者としてではなく、観察者の視点で授業記録を残して振り返ることが大切です。

3 授業づくり、教材・学習材研究、指導案作成

教材・学習材研究、指導案作成を基に、授業の導入、展開、まとめ、発問構成、板書計画などを明確にして、授業づくりをします。その記録を実習日誌に残すとともに、ねらいが達成されたか、授業づくり、教材・学習材研究、指導案は適切であったか、という視点で振り返ります。

4 主体的・対話的で深い学びの視点に立った授業分析

授業は、教師の指導過程と児童の学習過程との協働によって成り立ちます。主体的・対話的で深い学びの視点に立って、導入時の児童の学習意欲、展開時の児童の学習の促進、発問の適正、ねらいの達成など、授業分析の視点から振り返ります。

5 自己評価

机間指導や児童への対応、グループ指導は適切であったかなど、自らの指導全体を自己評価の視点で振り返ります。

実習体験を振り返り、反省・思考した後に、経験へと深化させるための記録です。教育実践はもちろんのこと、児童とのふれあい、指導にあたる先生方からの指導や助言、特別活動、児童指導などを記録します。学校生活は日々変化しているので、児童の様子、教員の動き・指導教員からの助言などは、適時メモしておきましょう。

破山中賊易、破心中賊難。〈王陽明〉
山中の賊を破るは易く、心中の賊を破るは難し。

⑷実習日誌
実習日誌の書き方〈中学校・高等学校〉

実習日誌は、教職に向けての実習生の成長の記録です。指導教員などからの指導を受け、自己を振り返り、改善を重ねながら実習内容の充実を図っていくものです。
実習日誌には、事実だけではなく、自分の受け止め方や改善策についても記します。
実習日誌には何を書きますか。
また、書くときに気を付けることは何でしょうか。

自分の考えを書き込んでみよう

実習生の成長の記録としての実習日誌

1 実習日誌の機能

実習日誌は、実習生が指導教員などとのやりとりを通して、毎日の実習内容について指導を受け、次の改善につなげる機能があります。中学校では、教科、学級、部活動などの指導教員が異なることが多いため、それぞれ直接の指導を受けることが大切です。しかし、時間の制約があることから、実習日誌を通しての指導も十分活用します。

実習終了後は、実習生の成長の記録となり、教師として勤務する際の貴重な実践資料となります。

2 実習日誌に何を書くか

教科の指導、学級の指導などについて、観察・実習した内容だけではなく、その経験を通して学んだことや次の実習に生かすべき観点を整理して書きます。

自分の考えは、一方的な思い込みではなく、状況を幅広く、客観的に捉えて書くように心がけます。その際、自分が実習校の教師であればどうすべきかなど、自分事として書くことが大切です。

また、管理職や指導教員などからの指導内容の要点を整理して書き、改善につなげる具体策についても記入します。

3 実習日誌記入上の留意点

毎日記入して提出するため、限られた時間で内容を整理して書くことが大切です。丁寧な字で、誤字・脱字をなくし、適切な用字・用語で記入します。気になった字や用語は、そのつど辞書などで調べて書く習慣を身に付けましょう。

一方、実習生は、学習指導案作成や教材研究に十分な時間をかけなければならないため、実習日誌に時間をかけすぎて実習そのものがおろそかになることは本末転倒です。優先度・重要度を判断し、時間を管理して諸作業を進めましょう。

吾日三省吾身。為人謀而不忠乎。与朋友交而不信乎。伝不習乎。〈論語〉
吾れ日に吾身を三省す、人の為に謀りて忠ならざるか、朋友と交りて信ならざるか、伝へて習はざるか。

⑷実習日誌 授業参観

教育実習中には、授業参観する機会が多くあります。

① 授業参観にはどのようなものがありますか。

② 授業参観のねらいは何ですか。

③ 授業をどのような視点で参観すればよいのですか。

④ 授業をどのように記録すればよいのですか。

自分の考えを書き込んでみよう

木を見て森を見る！

1　教育実習での授業参観

教育実習での授業参観は大きく２つに分けられます。一つは指導教員の学級の日常的な参観です。もう一つは、各教科の主任など経験豊かな教師による示範授業（模範授業）の参観です。日常的な参観においては、教科等における児童生徒の特徴や変容、示範授業においてはその教科などの特徴に応じた専門的な指導法を参観することがポイントです。

2　授業参観のねらい

授業参観には、大きく２つのねらいがあります。

①　教科の特性を把握する

②　よい授業を展開するポイントを捉える

授業参観は、教育実習の中核です。唯一無二の機会として「考えながら観よ」を実践することが大切です。

3　授業参観の視点

自らの課題意識に基づく参観の視点を明確にすることが大切です。その中心は授業者と児童生徒です。授業者が目標、ねらいをどのように達成させようとしているか、児童生徒がどのように反応したか、などです。また、学級全体を漠然と見ても、児童生徒の姿が見えません。モデルとなる児童生徒に着目しながら、時には児童生徒の立場になって参観することも大切な視点です。「木を見て森を見る」です。

4　参観の記録

参観の記録は、指導を受けるための材料です。必ず記録をとりましょう。効果的、効率的な記録のためにメモを工夫しましょう。また、記録が記録だけにとどまっては意味がありません。自分の疑問、意見を加筆しましょう。

時配、教師の指導・発問、児童生徒の活動・反応、備考などを簡単な様式でメモしましょう。また、発表の仕方、聞き方、板書、教室環境、学級の約束などについても気付いたことを記録に残しましょう。

自己の過失より学ぶべきことを知らざる人は最良の教師を其の生活より斥くるものなり。
〈ヘンリー・ビーチャー〉

訪問指導でのヒトコマ

教師を志す学生の教育に関わる大学教員の楽しみの一つに、教育実習訪問指導があります。この訪問日は、教育実習生が研究授業を行う日に合わせます。

彼らが、研究授業という檜舞台で、学修の成果や３週間にわたる教育実習の経験を上手く反映させた自己表現をどう成し遂げるのか、期待は膨らみ、気分も高揚します。

研究授業は、教育実習の集大成の場ともいえ、どの学校でもほぼ第３週目、５月下旬から６月中旬に集中します。大学教員にとっても、訪問指導が集中し、授業や諸会議を含めタイトな日程調整を伴い、気が抜けない時期です。それでも、研究授業があると最優先して受け入れ校を訪問します。

初めて訪ねる学校が大半なので、約束の１時間ほど前の到着を目指して出かけます。早く着いた時間を活用し、学校の周囲をゆっくりと一回りしてみます。学校の周囲を巡ることで、隣接地域の環境や文化を知ることができます。また、校門や掲示板、校舎や校庭、植栽樹木や学校花壇など、これらの丁寧な管理状況からは、豊かな教育環境が見てとれます。これらの地域の情報や学校の雰囲気といった予備知識は、実習生にご指導していただく先生方とお会いしたときの楽しい話題にも発展します。

約束の時間が迫ります。襟を正して正門をくぐり玄関の受付窓口で挨拶を済ませます。来校の用件をお伝えすると、どの学校でも、待機されていた教育実習指導担当の先生方が間を置かず出迎えてくださいます。直ちに校長室へ案内され、続いて各施設の説明を受けつつ校舎内を誘導され、やがて目的の教室に到着します。

この時間はさほど長くはありません。しかし、受け入れ校の先生方が教育実習生をどのように捉え評価されているのかを知る貴重な機会でもあるのです。このときの印象がよいと、学生の顔が頼もしく思い浮かび、自ずと笑みもあふれ、会話も弾みます。逆に「この教育実習生は大学ではどのような学生ですか」などと尋ねられてしまうと雲行きが怪しく、「研究授業の反省会や事後指導で、どのような応援をしようか」と、いくつかの指導プランを検討します。

さて、休憩時間中の教室に児童生徒の元気な声が響く中、校長、副校長、各教科担当の先生方や、他大学からの教育実習生らが、続々と教室後部に参集します。

やがて、チャイムの音とともに、教室の雰囲気が一変します。静寂の中に教育実習生の第一声が発せられ、全員が起立し挨拶して、いよいよ研究授業の始まりです。

随分と練習を重ねたはずなのに、過度の緊張からか、声やチョークを持つ手が震えています。しかし、これは大した問題にはなりません。概して、研究授業は大きな問題を抱えることなく進行します。なぜなら、ここで用いた学習指導案や板書計画、プリント資料などは、経験豊かな先生方のご指導の下で教材研究を重ね、まとめ上げたものだからなのです。

研究授業の後には、反省会が開かれます。先生方は、後進を育てるという温かい眼差しで臨んでいます。それでも、先生方の意見や評価は、研究授業ごとに特徴的です。さて、どこで差が開くのでしょう。対応策はいたってシンプルです。「師は、志なり」といいます。教育実習に備え、教えるにふさわしい基礎学力や生活態度、丁寧な言葉遣い、美しい板書などを、日頃から習慣付けておくと力強い追い風となるのです。

反省会も終わり、先生方に残された教育実習期間の変わらぬ指導をお願いし、お礼を述べて、学校を後にします。

まさに「難きが故に、尊い」です。厳しいだけの教育実習ではありません。真摯に取り組む学生ほど、児童生徒と接する充実感や教える喜び、職務の幅の広さや要求される質の高さなども、すでに学び取れています。顔つきも引き締まり、よい表情です。先生方から得た教訓は、人生の大切な糧となることでしょう。教育実習を終えた資質あふれる学生には、ぜひとも描いた理想の教師像に向けた研鑽に邁進し、教職に就く夢を実現してほしいと強く願っています。

第4章

教育実習を終えて

教育実習に行く前は、とても緊張していたあなた…。
いよいよ、大きな目標であった教育実習が終わります。

実習を終えたとき、
あなたにはどのような
成長があるでしょうか。

4-1

学校を去る日に何をする？

初めは長いと思っていた教育実習も今日で終わりです。
あなたは、学校を去る日に何をしますか。
やりたいこと、やるべきことなどを書き出してみましょう。

自分がしようと思っていることを箇条書きにしてみよう

-
-
-
-
-

「よき別れ」をしよう

1 明日からの児童生徒の「日常」のために

教育実習の期間は、指導してくださる学級担任や担当した学級の児童生徒にとって「特別な日常」です。児童生徒は、学級担任よりも身近な存在であるあなた（実習生）といるだけで、学校生活がいつもより楽しくなったことでしょう。

あなたが学校を去った後、児童生徒が「あなたのいない日常」をスムーズに受け止めることができるように、「よき別れ」をしましょう。

それは、児童生徒が「明日への希望」をもてるような別れです。

2 出会った人々の「よさ」を伝えよう

学校の外からやってきたあなたは、学校の中では客観的に児童生徒や教師を観ることのできる貴重な存在です。だからこそ、それぞれの児童生徒の「よさ」を発見することができます。実習期間中に発見した「よさ」を、別れのときに伝えましょう。また、学級指導や教科指導を担当してくださった先生方への感謝や見習いたい点を、児童生徒の前で言葉にすることも大切です。児童生徒が「私たちの先生には、こんないいところがあるんだな」と再発見する―そのことが、あなたとの「別れの寂しさ」を、あなたと「出会えた喜び」に変えるのです。

3 様々な職の方に「感謝」を伝えよう

職員室の別れの挨拶では、あなたを直接指導してくださった先生方の他にも、校長先生をはじめ、給食を用意してくださった調理員の方、印刷機の使い方を教えてくれた同僚の先生、自分が苦しいときに声をかけてくれた先生など、支えてくれた多くの先生方に「ありがとう」の気持ちを伝えましょう。

4 自分がいた場所をきれいにして退校しよう

学校が用意してくれた場所の掃除や片付けをしてから退校しましょう。職員室の机・いす、靴箱、ロッカー、教室で過ごすための折りたたみいす…あなたが使ったものを拭いて所定の位置に戻しましょう。この作業により、あなたにも「よき別れ」の構えが整ってきます。

4-2

感謝の気持ちを伝える

教育実習の最終日、一般的には当日の朝の職員朝会の場で、実習生からお礼の挨拶を述べるのが通例です。時間の制約があるので簡潔にはっきりと伝えましょう。
あなたは、心からの感謝やお礼の気持ち、学んだことなどをどこで、誰に、どのように伝えますか。

自分の考えを書き込んでみよう

感謝の気持ちを挨拶に込めて伝えよう

1 すべての教職員へ、最終日にお礼を伝えよう

最終日に、改めて校長、教頭（副校長）、指導教員にお礼を述べることはもちろんですが、すべての教職員にお礼の気持ちを忘れずに伝えましょう。直接指導を受けなくても、学校は教師だけでなく、事務職員、支援員、給食調理員、用務員、警備員など、様々な職員によって教育活動が支えられています。実習中、様々な人々に陰で支えてもらったことに感謝の気持ちをもちましょう。

2 指導教員には、深い感謝の念を伝えよう

指導教員は、貴重な時間を割いて実習生を指導しています。授業時間を実習生の授業にあて、貴重な学級経営の場である朝、帰り、給食、清掃、子どもたちとのふれあいなど様々な場と機会を提供し、指導してくださったのです。そのことをしっかりと受け止め、感謝の気持ちをきちんと伝えましょう。さらに、大学に戻ってからの教職を目指して学び続ける決意や今後の抱負なども伝えましょう。

3 児童生徒とお別れをし、その気持ちに応えよう

配属された学級では、帰りの学級活動で別れの挨拶をすることになります。実習によって得たものや、児童生徒への感謝をどう表すかを考えておきましょう。

児童生徒から感謝や励ましの言葉を受けたり、寄せ書きや一人一人の手紙、手作りの記念品などが贈られたりすることもあります。心を通い合わせた児童生徒との別れは心に沁みるものです。その気持ちに応え、あなたの感謝の気持ちや思いを伝えましょう。

4 自分らしく、実習校への感謝を態度で示そう

児童生徒一人一人に思い出と激励の言葉を書いて渡す、教室に花を飾る、体育倉庫をきれいにするなど、感謝の気持ちは言葉だけでなく、行為や態度で伝えることができます。最後に、実習期間中に使用した控室や教室の清掃、実習で借りた教材や教具の返却や整理整頓を滞りなく済ませ、忘れ物がないよう確認しましょう。実習日誌などの提出も忘れないようにしましょう。

教育の秘訣は生徒を尊重するにあり。〈エマーソン〉

The secret of education lies in respecting the pupil. 〈*Emerson*〉

4-3

大学に戻って

実習を終え、大学に戻ってきた「今」。
実習に行く前の自分とは何が違うのでしょうか。
教育への情熱を確認できたでしょうか。
教師としての姿勢は確立できたでしょうか。
理論を実現する実践力のレベルは実感できたでしょうか。
実習は単なる経験や練習の場ではなかったことが、しみじみと思い出せるはずです。
「今さら」 躊躇することはありません。
足りないと感じたことに前向きにトライしましょう。
「今から」 希望や決意をもって取り組めそうな新たな目標を掲げましょう。
「今なら」 強い決意、勇気につながる行動を起こしてみましょう。

実習を終えて、今から、今なら、取り組みたいことを書き留めてみましょう。

教育実習後は、より学校現場に近いところで学び続けましょう

1 心構えの再構築

実習は単なる経験や練習の場ではなく、未来の教師としての確固たる構えをつくり、教育に対する自分の真心を確認するための実践的演習であったはずです。春季の実習に臨んだ人はその後、教員採用試験がありました。実習で培った教育への情熱が採用試験突破の強いモチベーションとなったことでしょう。秋季の実習は採用試験が終わった後となります。結果にかかわらず、自分の初心を見つめ直す貴重な時間となったことでしょう。教育実習が終了した今だからこそ、これまで培ってきた教師としての資質・能力を今後、どのように成長させていくか、その取り組みを考え、実行することが大切です。換言すれば、自分がいかにして能動的な学修者として成長するかということです。

2 今から、今だから取り組めること

いかに能動的に学び続け、教育的実践力の向上を目指すか。その方法の一つに、現場の先生たちと共に学ぶという方法があります。具体的には休日等に自主的に開催されている教科や領域などの研究会に参加してみることです。実際の授業を見て協議するスタイルの研究会などもあります。また、10月から２月頃には多くの学校が自治体と共催の研究発表会を開催します。自分で調べたり、実習校でお世話になった先生方に紹介してもらったり、大学の担当課で案内をしてもらうなどして、足を運んでみましょう。ステージは多様にあります。

3 「教員」から「教師」へ

「教員は増えたが、教師は減った」という言葉を新聞のコラムで目にしました。「教員」として資格を取得することと、「教師」になる、ということは確かに違います。でも、どこからが「教師」と呼べるのか、認められるのか、ということは明言できません。今、学校現場は「教員」が不足し困窮しています。「人不足」が人材不足となり、教育の質の低下につながることがあってはなりません。一人ひとりが本当の「教師」を求める志を失ってはなりません。どうか、よい教師像を問い続け、求め続ける教師であってほしいと思います。

4-4

教育実習のお礼状

教育実習のお礼状を出すときの礼儀を知っていますか。
お礼状には何を書いたらよいのでしょうか。
教育実習のお礼状に関わる注意点をどのくらいわかっていますか。
充実した教育実習を終えた後に、心を込めたお礼状を書くには、
どのような点に気を付ければよいでしょうか。

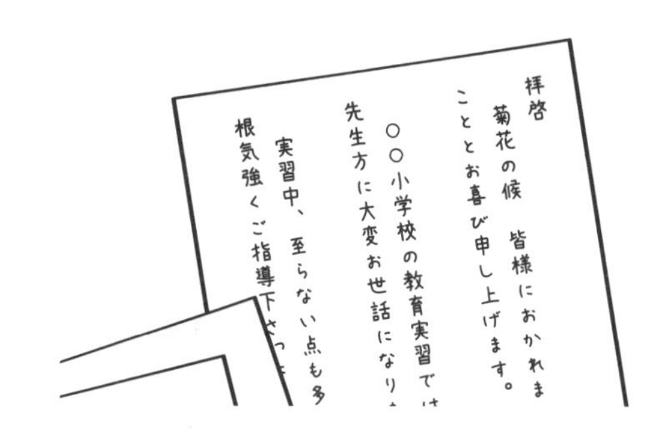

教育実習で印象に残ったこと、お世話になったことを書き留めておこう

「お礼状の書き方・礼儀」を身に付けよう

1 お礼状を出すときの礼儀

お礼状は、①校長はじめ諸先生方、直接ご指導いただいた②教科指導の先生、③学級担任の先生、に対して必ず作成しましょう。教育実習終了後、１週間以内には届くように作成することが望ましいです。①から③の先生方、それぞれの立場にあった文章を考えます。手書きで、丁寧に、心を込めて書くことで、感謝の気持ちも伝わるはずです。

さらに、自分が所属した学級の児童生徒にも、実習期間で心に残った思い出と感謝の気持ちを伝える手紙を書くことは、とても大切なことです。ただし、その手紙は直接ではなく学級担任宛ての封書に同封するか、「学級の皆さんにも、どうかよろしくお伝えいただけましたら幸いです」などの言葉を添えて、学級担任から伝えていただくか、どちらかがよいでしょう。

2 お礼状の書き方

お礼状の基本構成は、前文として①語頭（拝啓や謹啓など）、②時候・季節の挨拶、主文として③用件、末文として④まとめの挨拶、⑤結語（敬具や謹白など）、後付けとして⑥日付、⑦自分の氏名、⑧相手の肩書や氏名、となります。

主文の用件内容としては、①教育実習の機会を与えてくださったこと、ご指導をいただいたことへのお礼、②実習中の具体的な学びや想い出などの感想、③今後の抱負、の３点が重要です。

3 お礼状に関わる注意点

お礼状は、封書で、白地の便せんに縦書き、手書きが丁寧です。目上の方へのお礼状ですから、言葉遣いや誤字・脱字に留意し、簡潔な文章でまとめます。

その後も、近況報告などをハガキでお送りし、教員採用試験の結果は合否にかかわらず報告しましょう。合格者は、配属先が決定した後の報告も忘れずにすることです。

4-5

大学への報告書

教育実習の終了後、大学教員から事後指導を受けることになります。すみやかに担当教員に連絡をとりましょう。
事後報告は、まず記録や感想を基に振り返りをし、
自己評価と課題をまとめておきましょう。
反省点や今後の目標にはどのようなことがありましたか。

自分の反省を書き込んでみよう

観点を明確にして事後報告を書こう

1 実習校や児童生徒、担当学級の実態把握や理解

○実習校の環境、雰囲気、学校規模、学校の特長や課題、学校の印象の変化など。
○児童生徒理解では、学級の雰囲気、礼儀や挨拶、基本的な生活習慣や態度、話し方、聞き方、人への関わり方などの実態把握や、理解を深めて児童生徒とのふれあいやコミュニケーションがとれたか。信頼関係を築くことができたか。
○学級では、日常の学級活動、給食や清掃、昼休みなど、適切に関われたか。

2 教育実習の形態に応じた取り組みへの自己評価

○教科や道徳科、学級活動など実際に授業を行って学んだこと。
○授業参観や観察を通して学んだこと。
○教職員による講義や説明から学んだこと。
○学級活動・短学活・給食・清掃など学級担任の仕事の実際から学んだこと。
○学校行事や総合的な学習（探究）の時間など児童生徒の取り組みから学んだこと。

3 研究授業に関する自己評価

○授業を実施する上で必要となる計画や準備、打ち合わせは適切であったか。
- 指導教員との打ち合わせ、実態把握、教材研究、学習指導案作成、教材教具の準備

○ねらいに沿った授業が実施できたか。
- 児童生徒の反応、教材の扱い、指導方法や学習形態、時間などの適切さ

○参観した教師からの指導、講評や感想はどうであったか。
- 指導教員の指導・助言や、他の教師からの講評や感想などからの授業評価

4 自分の今後の課題と目標を明確にする

○実習前からの自己の課題と新たな課題や今後の目標を明確にする。
○実習後の自己の進路と進路実現に向けての見通しや計画を明確にする。
○実習から得た具体的な表現で事実を見つめ、自己評価を踏まえて記述する。
○自己評価にあたっては、他校で実習した学友との意見交換も有効である。

温故而知新可以為師矣　〈論語〉
故きを温ねて新しきを知るは以て師たる可し。

4-6

ボランティア活動

教育実習が無事に終わりました。その後、教育実習校とは、
どのように関われればよいでしょうか。
実習校とのつながりは、実習後もとても大切です。
どのように関われるか、また、どのように関わったらよいか、
考えてみましょう。

自分の考えを書き込んでみよう

学校とのつながりを大切にしよう

1　考えられる学校とのつながりは？

教育実習前後や実習中にも、実習校との関わりについて依頼されることも少なくありません。依頼がない場合は、自ら申し出て相談してみるのもよいでしょう。内容としては、「授業の学習支援」「放課後の学習支援」「夏季水泳指導の外部指導員」「宿泊的行事などの外部指導員（引率の手伝い）」などが考えられます。

これらは、教育実習では見ることのできなかった子どもたちの姿や様子を直接見る機会となり、学習指導や生活指導（生徒指導）以外での教師の取り組みを肌で感じ取ることができます。また、教育実習では学ぶことができなかった新たな発見や喜びが生まれ、実習で担当しなかった学年の子どもたちとも触れ合うことのできる貴重な機会となることでしょう。そこで、大学での学修や仕事などを調整しながら、できる範囲で協力することをおすすめします。また、その年度の運動会や学芸会などの学校行事を訪ねることも大切です。

2　意外にもこのようなつながりが……!?

５月から７月にかけて教育実習が行われる場合は、教員採用試験間近ということでスケジュール的に厳しくなる場合があります。また、実習中に教員採用試験について聞かれることがしばしばあります。実習校では、皆さんに「ぜひ教師になってほしい」と考えているはずです。そこで、１次試験の合否にかかわらず、結果の報告をすることが大切です。そうすることにより、２次試験の面接の練習をしてくださったり、面接票の書き方を指導してくださったりすることが少なからずあります。実習期間中だけでなく、教師になるまでお世話してくださる学校も多いものです。その熱意に感謝しつつ、期待に応えていくことが大切です。

3　学校とのつながりで注意することは？

「教育実習の続き」という気持ちではなく、「新たな仕事」という気持ちでけじめを付けることが大切です。知っている児童生徒だけと親しくなることも避けなければなりません。常に公平に接することが必要です。

教学半。〈書経〉
教ふるは学ぶの半たり。

4-7

教師になるために、試験へ

教師になるためには、試験すなわち教員採用候補者選考があります。
自治体や私立学校の教師になるためには、その採用候補者選考に合格しなければなりません。
あなたが志望する自治体の選考方法と試験内容について調べましょう。

調べたことを書き込んでみよう

教員採用試験とは

1 採用選考スケジュールの確認を早く、正確に

採用選考の詳細は、対象年度の「(都・道・府・県・市の) 公立学校教員採用候補者選考実施要綱」でしっかりと確認してください。採用選考のスケジュールは自治体によって大きく異なります。早めに情報を入手し準備を進めることが大切です。

※東京都の例：例年3月から4月にかけて採用選考の説明会を行っており、2月下旬にホームページで開催案内が告知されます。また、「教員採用候補者選考実施要綱」は3月下旬にホームページで公表されるとともに、東京都庁舎などにおいても配布されます。

2 採用選考スケジュールのおおよその日程と内容【東京都の例】

〔受験申込〕 例年3月下旬から約1カ月間が受験申込期間となります。郵送または電子データでの申込です。電子データが都に届いておらず受験できなかった事例もあり、電子データでの申込は十分注意する必要があります。

〔第一次選考〕 例年7月第2週の日曜日に実施されています。

- 教職教養（60分） • 専門教養（60分） • 論文（70分） ※合否は8月上旬

〔第二次選考〕 例年8月下旬の土曜日または日曜日に実施されています。

- 個人面接 • 集団面接（集団討論） • 実技 ※合否は10月中旬

3 筆記試験問題は、大きく4つのジャンルに分けることができる

志望する自治体の出題傾向を分析し、しっかりと対策を立てる必要があります。なお、一般教養と論文については出題されない自治体もあります。

〔教職教養〕 教師が職務を遂行上必要な法令、学習指導要領、教育原理や教育心理、教育史、我が国の教育事情、各自治体の教育施策に関する問題が出題されます。

〔一般教養〕 人文分野（国語、英語、音楽、美術、家庭、保健体育など)、社会分野（歴史、地理、公民、環境問題、情報、科学、時事問題など)、自然分野（数学、物理、化学、生物、地学など）から、教師としての教養が問われます。

〔専門教養〕 教師として授業を行う上で必要な指導内容など、専門的教養に関する問題が出題されます。学習指導要領の教科の目標や内容等も重要です。

〔論　　文〕 自治体によって異なりますが、400～2000字程度の教育論文を制限時間内に肉筆で記述します。

和而不流。〈中庸〉
和して流れず。

4-8

合格発表後の報告

いよいよ教員採用試験本番となりました。努力が実り、
１次試験は無事突破しました。そして、２次試験も本日
終わりました。手ごたえは十分です。
そこで、２次試験発表後に何をするか、箇条書きに
まとめることとしました。
あなたはどうまとめますか。

自分の考えを箇条書きにしてみよう

・

・

・

・

・

合格発表後の手続きと注意

1 大学への報告

教員採用試験の結果が出た段階で、自分の家族に連絡することはもちろん、大学への報告は必須です。報告用紙が準備されている場合は、その用紙に記入して提出することはもちろんですが、所定の用紙がない場合でも、口頭だけではなく書面にての報告が社会人としての常識です。

大学への報告は、基本的に次の内容を含んでいるようにします。

①氏名、②学籍番号、③受験自治体名、④受験番号、⑤合否の判定、
⑥合格発表日、⑦今後の予定（辞退する場合も含む)、⑧報告日

残念ながら不合格の場合も必ず報告し、その後の予定（就職先の一般企業への変更や、臨時任用教員・非常勤講師への登録など）を明確にする必要があります。

さらに、赴任校が決まった場合も、必ず大学に連絡をします。

2 実習校や実習担当の先生方への報告

発表後は、合格・不合格にかかわらず実習校やボランティア校に結果の報告をします。できれば、その後学校に伺ってお世話になった先生や校長に直接お礼を伝えることができれば、さらによいでしょう。また、赴任先の学校が決まった場合にも、連絡をしておくとよいでしょう。特に、実習校の自治体に合格した場合は、実習校の校長に報告しておくことが大切です。

3 大学卒業後の生活に向けて

教員採用試験に合格したら、それですべてが終わりではありません。まず、大学をしっかりと卒業することが大切です。そのためにも、卒業に向けて最後まで学修をしっかりと行うことが重要です。また、社会人としてのマナーを身に付けておくことも必要です。マナー本などを読んで、自分なりに学習しておくとよいでしょう。また、4月からの教員生活に向けて、自分の苦手な内容を学習し直すことも重要です。教育実習で使った教科書や参考書などを読み込んでおくと、4月からの授業が円滑にスタートできます。

社会勉強として、旅行などの経験を積むことも大切です。ただし、教育公務員になることを考え、逸脱した行動は厳に慎しむべきです。

4-9

赴任に向かって、よきスタートを切るために

教職に就くと、学級担任として、あるいは教科担任としてすぐに児童生徒たちの指導や保護者や地域の方々との対応にあたります。
保護者や地域の方々は、児童生徒を指導する常識ある教育公務員として、社会人として、あなたを見ています。
では、赴任までに何を身に付ければよいのでしょうか。

自分の考えを書き込んでみよう

教師たる前に、自立した社会人に

1 進んで挨拶をしよう

学校で児童生徒に身に付けさせたい生活習慣の中で「挨拶」は重要です。

児童生徒に手本を示すべき教師の中に、挨拶のできない人が意外と多く見られます。

保護者や地域関係者、先輩教師に対して積極的に挨拶する教師は、周りからよき教師として評価を受けます。

2 正しい言葉遣いを身に付けよう

児童生徒へはもちろんのこと、保護者や地域、先輩教師に対して正しい言葉遣いを心がけましょう。

正しい敬語を使える新規採用者が少ないとも言われます。

だからこそ、敬語の使い方をはじめ、「ら抜き」「語尾上げ」などの言葉の乱れに気を付け、正しい言葉遣いができる教師を目指しましょう。

3 日常の生活習慣を身に付けよう

児童生徒への指導では、清掃指導や給食指導、整理整頓なども大切です。

教師が掃除の仕方を理解していない、食べ物の好き嫌いがある、教室や自分の机上が整理できないというのでは、しっかりとした生活指導はできません。

自ら率先して清掃や給食指導・整理整頓ができるよう、日頃から心がけましょう。

4 自らを省み、自己変革する力をもとう

新規採用者にも、児童生徒の心と体を預かる教師として責任があります。

常に周りの先輩教師からの指導を率直に聞く耳と、それを実践できる実行力を身に付けておくことが大切です。

各自治体が教師に求める資質を意識しながら、常に自分磨きができる教師を目指しましょう。

真理と正義の道を堂々と歩もうとする時は、一人ぼつちを覚悟しなければならない。しかしながら、必ず同行の人々を得るであろう。〈ペルシエ〉

4-10

構え、職への準備

教育実習を終えて感じたことは、
- 授業力を高めるために日ごろ何をすべきか。
- 学級経営案はどう作るのか。
- 児童生徒の心をつかむ力とは何か。
- 自分は児童生徒の手本になれるのか。

あなたはどう感じましたか。

自分の考えを書き込んでみよう

教師としての基礎を身に付ける

1 教師は授業が命

教えるプロには、難しいことを易しく説明し、面倒なことは楽しく取り組ませ、楽しいことは新たな創造へと導く力が求められます。このような力は、教材研究や開発によって養われます。日常の現象や事象をいかに教材に取り入れ、子どもたちの興味・関心を引き出すのかを常に考えることです。子どもたちの「わかった。楽しい」という笑顔を期待し、絶えず思考し続けることです。

2 自分自身の教育観をもつ

目の前の子どもたちに「将来こういう人間になってほしい」とはっきり言えますか。この願いが学級経営の基となります。崇高な理念より、日々よりよく生きていく人としての在り方を表現してみてください。例えば、人が見ていないところでも一生懸命に取り組む人、次の人のことを考え行動できる人、自分たちの課題は自分たちの力で解決する人など、自分自身の人間観、教育観をもつことです。

3 美しいものを美しいと感じる感性

セレンディピティ（serendipity）とは、偶然の出会いで予想外のものを発見するという意味です。同じ物事を見ても、何かひらめく人と何も感じないで通り過ごす人がいます。ひらめきは美しいものを美しいと感じる感性で培われます。日頃から読書や芸術鑑賞、観劇などで感動を積み重ねることが大切です。これらの体験が、子どもたちの笑顔の裏に潜む悩みをも感じ取れる感性豊かな教師にしてくれます。

4 日頃の生活習慣で鍛える

児童生徒や保護者、地域の方々は教師の姿をよく見ています。教師は学区においては有名人であり、手本でもあります。常日頃から言葉遣いや身なりはもとより、日常的にも人を傷付けないなど自らの言動にも十分留意しましょう。生まれながらの教師はいません。日々の努力が自分を高めてくれます。この実体験が子どもたちへのアドバイスや相談に生きてきます。

すべての人を愛し、わづかの人を信じ、何人にも悪をなすなかれ。〈シェークスピア〉
Love all,trust a few,do wrong to none.　〈*Shakespeare*〉

4-11

長所を伸ばす、弱点の改善

「自分は弱点ばかりで、自信がない」
「こんな自分でも教師になれるのか不安だ」と感じている人もいるかもしれません。
弱点を改善する方法はあるのでしょうか。
自分を高めるにはどうしたらいいでしょうか。
今後、どうすればいいのでしょうか。

自分の考えを書き込んでみよう

自分を高めるためには

1　自分自身を知る

人は誰でも長所と短所の両面があります。片面のみに重みを置くと同じ過ちを繰り返します。成長する人は自分に対し厳しい人と思われがちですが、実は自分の短所を十分に知り、認め、受け入れている人なのです。自分の至らぬ点を熟知しているからこそ、自分に合った独自の改善方法を会得できるのです。自分の短所を知ることが自分を高めるスタートと言えます。

2　得意なものから取り組む

自分の弱点を改善するには、自分にとって楽しいことや得意とすることから取り組むとよいでしょう。ただ楽しむのではなく、以前よりバージョンアップするために様々な工夫をします。そして、ここで得た秘訣を弱点の克服に活用します。得意なことの上達は、弱点改善にも通じます。辛いことを耐えるのではなく、楽しみながら取り組むと効果が出やすく、また、長続きします。

3　一般常識と教養を高める

「人格の完成」とあるように、教師の仕事は人を育てることです。このことからも専門性といった知識・技能だけではなく、幅広い教養と常識が求められます。

教養を高めるためには、自分が得意とすることをとことん追求することです。興味があるから本を読み研究したり、先達に教えを求めたり、他者との交流を深めたりします。これらの対話を通じて自分の世界が広がり、常識も高まります。

4　多くの人との交わり

学校は、教師という同じものさしをもつ人たちの集まりなので、物事を一つの見方で判断し、解決する傾向があります。そこで、多面的に物事を見て多様な考えを受け入れ、複数の解決策を創造する力が望まれます。日頃は面識のない他の学部やサークルなどとの交流に積極的に参加し、様々なものの見方や考え方に触れて、教師とは別のものさしの存在を知ることが大切です。

4-12

赴任までに何をする？

教育実習を終えて、この後あなたは何をしますか。
「何となく、ぼーっと時が経ってしまった」となりがちです。
これからのことを考えるには、一定の思考の様式が必要です。
様式に導かれて自分の在り方を考え、対応策を工夫しましょう。
ちょっとした思考ツールをここで役立たせましょう。

あなたの長所・短所が導く、今後の可能性や課題について考えよう

長所を生かす 可能性を探る	
短所が生み出す 課題を探る	

自己分析ができるSWOTを学ぶ

※SWOT分析＝Strength（強み）、Weakness（弱み）、Opportunity（機会）、Threat（脅威）との4つの視点で現状分析を行う手法。

1 長所（強み）は可能性に、短所（弱み）は課題になる

長所（強み）を生かせば将来の可能性が見えます。また、短所（弱み）は大きな課題となります。それぞれ具体的に明確にし、その対応を考えることが必要です。

2 「強み」は「弱み」を補い、可能性が課題に対応する

短所（弱み）そのものを克服することはとても難しいです。しかし、短所は長所に補われることがあります。また、長所（強み）を生かした可能性は短所を長所に変えることができ、課題への対応を可能にします。それが具体的な戦略（方略）です。

3 長所はそのまま伸ばし、短所は他の支援を得る

長所（強み）は大いに伸ばすことができます。しかし、短所（弱み）を克服するのは難しいものです。むしろ、短所（弱み）を他に示し、手助けを求めることが必要です。

4 人は長所（強み）ではなく短所（弱み）でつながる

長所（強み）は互いに反発・競合しがちです。むしろ短所（弱み）によって人はつながるのです。「できないこと」を隠すのではなく、それを共生の鍵としましょう。

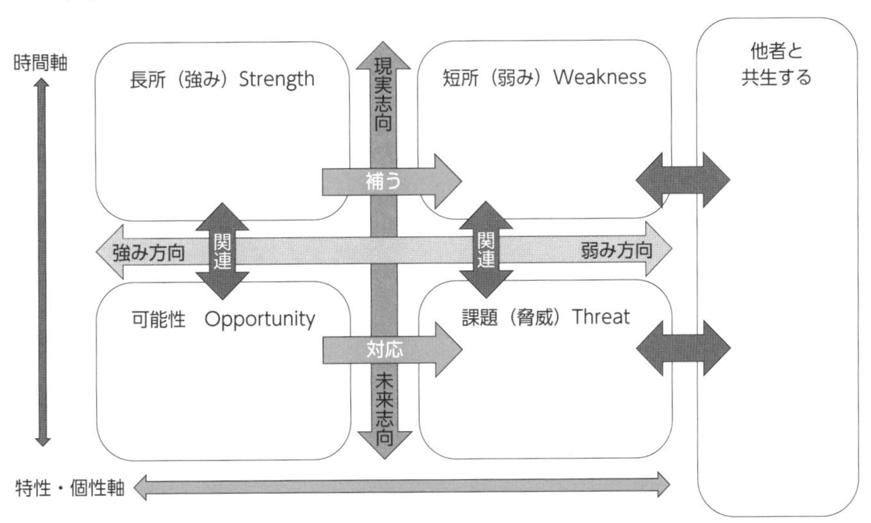

知彼知己、百戦不殆。〈「孫子」謀攻篇〉
彼を知り己を知れば百戦殆ふからず。

【先輩の体験】本当に悔やむべきことは何か？

これは、当時大学４年生だった佳子さん（仮名）の小学校教育実習での体験です。

佳子さんは、母校であるＡ小学校の４年１組で実習を行うことになりました。

ほとんどの教科の授業をさせてもらうことができましたが、一番多く授業をしたのは国語科の「ごんぎつね」でした。学級担任と交互で授業を受け持ちながら進めていくので、「自分が失敗したら担任の先生に迷惑がかかる」と思い、45分間で計画したところまで授業が進むように、教材研究と授業準備を怠りませんでした。

「ごんが、兵十にくりやまつたけをどっさり拾って持って行ったときの気持ちを話し合う」授業を行ったときのことです。

佳子さんは、前の「いわし事件」の場面に「ごんは、うなぎのつぐないに、まず一つ、いいことをしたと思いました」と書いてあったので、「つぐない」というキーワードを子どもたちから引き出したいと考えていました。しかし、計画とは異なり、様々な意見が出てきました。

「この前は、盗んだいわしだったけど、こんどはちがうぞ」
「自分でこんなに拾ってきたよ。自分でも、とってもいいことをしていると思うよ」
「兵十、喜ぶだろうな。楽しみだな」

このような意見が連続し、一向に「つぐない」というキーワードは出てきませんでした。最後に、普段あまり発言しないＢくんも「ごんは、あまり深く考えずに、ただ兵十が…と思って、何かしないとたまらなかったと思う」と勇気を出して発言したのですが、キーワードが入っていなかったので、佳子さんは取り上げませんでした。

思い通りに授業が進まなかった上に、様々な子どもたちの発言に対応できなかった自分を不甲斐ないと思った佳子さんは、放課後の授業反省会で泣いてしまいました。

ところが、帰りに佳子さんと学級担任が玄関に行くと、職員の靴箱の上にどんぐりや色とりどりの銀杏・紅葉の葉、折り紙のお花とともに、手紙が置いてありました。

佳子先生、元気出してー。
佳子先生の授業とっても楽しいよ。
明日も一緒に勉強しようね。

佳子さんは、「ごん、みたい･･･」とつぶやいて、その場にしゃがみ込み、また泣いてしまいました。その場にいた学級担任は、Ｂくんの言葉を借りて「みんな、佳子先生が…と思って、何かしないとたまらなかったんだろうね」とおっしゃったそうです。

「何かしないとたまらない気持ち」－それは、「つぐない」という言葉よりも衝動的ですが、子どもらしく、純粋に相手を思う気持ちのような気がします。

佳子さんは、この実習で「もし、授業で悔やむのなら、授業が計画通りにいかないことではなく、子どもの声を聞けなかったことだ」と思うようになったそうです。

【先輩の体験】生徒の素直さに助けられた３週間でした！

公立の中学校で教育実習を体験した先輩、Wさんの声を紹介します。

「私は、母校にて教育実習を行いました。その中で心に残ったことが２つあります。

１つ目は、研究授業です。

研究授業では、大学で学んだことを生かそうと考えたり、音楽の先生に生徒の様子を聴いたりして、授業づくりに臨みました。研究授業は、合唱コンクールが近かったので【表現：歌唱】で行いました。もっとこうすればよかったと思う反省点が多く、生徒にとって満足のいくような授業ではなかったと思います。でも、生徒は私の未熟な授業で発問に答え、一生懸命声を出して歌い、笑顔で受けてくれました。私はそんな思いやりのある心優しい生徒の姿に感動し、今でも感謝しています。

２つ目は、担当学級での合唱練習です。

私は、３年生の学級に配属されました。実習中、朝の時間や昼休み、放課後の時間を使って、各学級で合唱の練習をする機会が多くありました。最初のうちは、どう指導すればよいのか、発声に困っている生徒にどのような声掛けをすればよいか、非常に悩みました。大学のレッスンのように生徒に教えても、生徒には伝わるはずがありません。生徒にわかりやすく教えるための音楽指導法が、私の課題でした。

３年生の生徒にとって最後の合唱コンクールを心に残るものにするため、私は各クラス曲の教材研究に力を入れました。曲の背景や歌詞の意味などを調べ、生徒に伝えました。発声に関しては、鏡を使って口の開き方や表情の確認を、生徒と一緒に取り組みました。すると、生徒も積極的に声を出し、質問もするようになりました。私が生徒とともに模索し、指導法を工夫することで、生徒の意識や練習への熱意が高まっていくのを感じることができました。

教育実習最後の日が、合唱コンクール当日でした。担当した学級の生徒が舞台に上がり、学級紹介をした文章の中で、「W先生が来てくれてからクラスの雰囲気が変わり、歌に対する思いも変わった」と語ってくれました。生徒が一生懸命歌っている姿に涙し、その合唱に感動しました。結果は残せなかったのですが、生徒の成長は、どの学級よりも著しかったのではないかと褒めました。学級に戻った後、担任の先生の計らいでお別れの会がありました。私の話を聞きながら涙する生徒がいたり、「一緒に合唱ができて楽しかった」「僕も将来、先生になりたい」と伝える生徒がいたりしました。笑顔で努力し、苦しみを乗り越え、教師としてのやりがいを実感できた瞬間でした。

私が教育実習を乗り越えられたのは、生徒の素直さに助けられたからだと思っています。辛いこともあるかもしれません。でも、自分らしく、精一杯頑張る姿は、きっとどこかで生徒が見ていてくれています」

Wさんは、令和２年度より教壇に立っています。皆さんも笑顔で頑張ってくださいね。

素晴らしきかな、教育実習！

Ｓ子さん、お元気ですか。ご無沙汰です。というより、あれから全くお会いしていませんね。突然ですみません。

最近流行の感染症などにかかっていませんか。私は今のところ大丈夫です。お互い年を取ったので健康には気を付けましょう。

あなたとの出会い、思えばずいぶん昔の話です。私が教育実習であなたとお会いしたのは、もうかれこれ40年以上も前になります。時の経つのは速いですね。当時、私は大学２年生で、あなたは小学校３年生でした。あなたとの年の差はなんと11年。

当時、私は大人の自分と小学校低学年のあなたとの出会いが、よもやその後の私の人生に大きく影響するなどとは思ってもいなかったのです。きっとあなたもそうですよね。小学生が大学生の人生を変えたなど、夢にも思わないでしょうから。

こういうと、何か教育実習中の禁断の恋のように思われるかもしれませんが、まったくそういうことではありません。

そう、それは本当に短い、瞬間の出来事でした。改めて思い出しながら語りますので、ちょっとお付き合いください。

私の通った大学には他大学と同様に教育実習がありました。しかし、私が所属したゼミ（大学２年からゼミがありました）の教授は、教職課程受講者のために予備教育実習という特別な授業を実施していました。

私の専攻は言語論や国語文法論で、さほど教師になる気はなかったのですが、教員免許は取りたいと思っていました。そこで、その予備教育実習に行きました。ゼミの教授は、国語教育で大変高名な方で、全国にはすでに管理職となった教え子が多くいらして、その方々が小学校長だったことから、小学校での予備教育実習が実現したのです。

中学生で母を亡くし、その後すぐに父が再婚したため、私は何となく家庭に居場所がなく、少しでも早く自立する大人になろうとしていたのです。なので、必ずしも小学生の子どもが好きではありませんでした。

でも、小学３年生のＳ子さんは、なぜか私にとても親近感をもち、何かと頼ってくれたのです。ひょっとすると私と同様な家庭環境で、甘えたかったのかもしれませんね。

とにかく、その教育実習では、Ｓ子さんを中心に多くの小学生に頼られ、人のために何かする喜び、それを喜んでくれる児童の姿が、何かとても嬉しかったのです。

Ｓ子さん、あなたとあなたの友達が私を教師の道に進ませたのです。皆さんが慕ってくれたので、孤独だった私はとても癒されたのです。

私が何か「してあげる」というのではなく、誰かに頼られ、何かをすることで、自分の存在が生かされるという貴重な経験が私の教育実習だったのです。

Ｓ子さん、あなたとその学級との出会いが、私の人生を大きく変えました。素晴らしい教育実習をありがとうございました！

終章

教育実習での学びをどう生かすか?

あなたにとって、この教育実習はどうでしたか。
教師になろうとする気持ちはどうなりましたか。
教師にならないあなたにとって、教育実習の意義は何ですか。
教職課程を受講した意義や価値とは何でしょうか。
あなたにとって「教職」はどのような仕事ですか。
あなた自身がこの教育実習を通して学んだことは何ですか。

この章では、すでに終わった「教育実習」について改めて振り返って考え、次の歩みにつなげていきましょう。

終-1

教師として、教師なら、やってみたいことは？

教育実習が終わりました。あなたの学びは深まりましたか。
教師になろうという気持ちはどう変化しましたか。
学ぶ・教える・生きる、あなたの考えは変化しましたか。
教育実習を通して、あなたはどんな教師になりたいですか。
そして、何をやってみたいですか。

自分の考えを書き込んでみよう

教師として、教師なら、何をやるか

1　教師っていい？ 教育実習を終えてどうか

教育実習を終えて、教師の仕事をどのように捉えましたか。あなた自身の考え方が大切です。他人に遠慮することなく、自分の考えをもち、それをしっかりと表現してください。また、あなたの経験や思いはあなただけのものですが、同時に他人にも分かち合うことができます。教師の仕事がどうなのか、大いに語りましょう。

2　教師になるなら、どんな教師を目指すか

もし、あなたが教師を目指すなら、どのような教師を目指したいですか。そのような教師のモデル（メンター）となる人はいますか。これもできるだけ具体的に記述しておくと、後で自分自身のために役立つでしょう。箇条書きするなどもいいです。そして、そのような教師となるには、今後何をどうすればいいのでしょうか。よく考えて、その方向性や具体的な取り組みなども書いておきましょう。

3　教師でないなら、あなたは何をやりたいか

私には教師はできないなとか、自分ではやりたくないなとか、とりあえず別の仕事がしたいなとか、まったく問題ありません。それもあなたの経験を踏まえた結論です。では、いったい何をやりたいのでしょうか。できれば具体的に考えてみるとよいでしょう。そして、それをするためには、これから何をどのようにすればよいのでしょうか。

4　「教える・学ぶ・生きる」、どうするか

教師にならなくても、あなたが選ぶ他の仕事の中でも、人に教えること、人から学ぶこと、自分で学ぶこと、人を生かすこと、人と生きることなどが必ず必要になります。あなたは、どのように「教える・学ぶ・生きる」に関わるつもりですか。

出藍之誉（出藍の誉れ）〈『荀子』〉
青は藍より出でて藍よりも青し

終-2

教育実習の目的は達成できたか？

あなたの「教育実習の目的」は達成できましたか。
もしできたなら、どのような点で達成したのですか。
残念ながらできなかったなら、何がどのように、
なぜできませんでしたか。
では、いずれにしても、これからあなたはどうしますか。

教育実習の目的について、達成できたこと、できなかったことを自分の言葉で、具体的に書こう

達成できたこと

達成できなかったこと

教育実習の目的を振り返る

1 目的と結果の関係：達成できないのは悪いことか？

目的を達成できなかった結果だとしても、それ自体が悪いわけではありません。もしかしたら、目的に伴う目標が高すぎたかもしれないのです。また、思いもよらない外部環境や状況の変化、予想を超えた出来事などがあったからかもしれません。いずれにしても、すべて予定調和的に進むとは限らないのです。ただ、目的や目標と結果とのずれが、どのように、そしてなぜ起こったのかを、しっかりと把握しておく必要があります。それを次のステップに生かすために。

2 「目的達成」の落とし穴

反対に、目的を達成したからといって、手放しに喜ばないようにしましょう。その目的に伴う指標としての目標を、低く設定していませんでしたか。また、目的を達成した後、どのように次のステップを考えますか。教育現場の状況は常に可変的ですから、常に問題を把握し、新たな課題を設定してチャレンジすることが必要です。「目的達成」の落とし穴は、「停滞」とモチベーションの「後退」です。

3 達成目標と到達目標：その違いとつながり

目的達成の指標となるのが、目標の設定と明確化です。何が、いつまでに、どのようにできればいいのか、それが目標設定の具体化です。その際、「達成目標」と「到達目標」の違いや関連を確認することが大切です。「到達目標」とは、ここまでできるという目標です。成果について最小限これだけは、あるいは最低限ここまでは、という目安を表したものです。「達成目標」とは、「到達目標」をさらに具体化したもので、「向上目標」（ある方向へ向かっての向上や深まりの程度を示す目標）や、「体験目標」（ふれあい、感動、発見などの体験そのものの目標）とともに、「到達目標」の根拠となるものです。

4 目標達成と次の目標の設定

目的を具現化するためには、常に「目標」が必要です。下記のアリストテレスの言葉はあくなき向上心の大切さを語っています。一つの目標は次の目標につながります。あなたの次の目標は何ですか。どうしてそれを設定するのでしょうか。

人間は、目標を追い求める動物である。目標へ到達しようと努力することによってのみ、人生が意味あるものとなる。〈アリストテレス〉

Man is a goal seeking animal. His life only has meaning if he is reaching out and striving for his goals. 〈Aristotle〉

終-3

教育実習を振り返ってできたこと、できなかったことは？

教育実習全体は、どのような過程（プロセス）で行われましたか。
全体を振り返り、それぞれの部分を再確認しましょう。
教育実習の中核である「体験的学修」は豊かなものでしたか。
事前学修⇒体験学修⇒事後学修について、考えましょう。
教育実習での体験も3つありましたが、それぞれどうでしたか。

教育実習の流れに沿って、何が学べたか、なるべく具体的に振り返ろう

事前学修	
教育実習での学修	
事後学修	

教育実習の全体を振り返ると？

1 事前指導は教育実習に役立ったのか

教育実習が終わりました。全体を振り返って考える際に、まず「教育実習事前指導」の在り方はどうだったか、それが実際に教育実習にどう役立ったか、よりよい事前指導のために何が必要かなど、きちんと振り返る必要があります。これは、大学のカリキュラム上の課題だけではなく、あなた自身の今後の方向にも関わることです。どういう「学び」が実現したか、それが教育実習体験にどう影響したか、簡単に書きましょう。

2 教育実習 Teaching practice で何を学んだか

教育現場で実際に学んでわかったことは何ですか。実習前後では、何がどのように変わったのでしょうか。現場の教師から学んだことは何ですか。また、児童生徒から学んだことや気付かされたことは何でしょうか。

3 観察・参加・教育実習とこれからの人生の関係

教育実習は、「学ぶ」側から「教える」側になる経験でもありました。しかし、きっと「教えることは学ぶこと」という事実にも直面したはずです。学校や教育活動を観察し、行事や日常の教育活動に参加し、そして授業を行いましたが、そのことは今後のあなたの人生にどのように関係しますか。より一層、教師になりたいと思った人もいるでしょう。また、やはり難しいと思った人もいることでしょう。あなた自身の人生とかかわるレスポンスをしてみてください。

4 「反省は猿でもできる」？ 本当の振り返りとは？

「反省は猿でもできる」、一時はやった言葉ですが、猿に本当の「反省」はできないでしょう。あなたが教育実習全体を「反省」するとすれば、それはどのようなことですか。

教育実習を人生に生かすために！

教育実習、お疲れ様でした。思えばずいぶん長い準備と教育現場への配慮に緊張したことでしょう。一時的に同僚となった教師への様々な思い、共に過ごした児童生徒への喜び・悲しみ・いらだち・怒り（？）など実に複雑な感情、様々なシーンや状況が今でも思い起こされるでしょう。

教育実習を通して、自分の生き方や考え方が変わったという人。とても質の高い経験をしたのですね。それが教職への道につながるかどうかはさておき、変化したということは、充実していたということです。

さて、教育実習を踏まえ、やはり教師になろうという人へのメッセージです。

まず、教師というのは、実に難しい仕事です。人を教えることの奥深さに戸惑うことがたびたびあります。うまくいかなくて嫌になることも多いのです。

そして、（これは言ってはいけないことかもしれませんが）あまり儲かる仕事ではありません。というか、金には縁がない仕事です。そもそも、売り上げとか利潤とかでは成果が測れません。ですから、それで給与が決まることはほぼないのです。もちろん、明日変化する子どももいるでしょう。けれど、ほとんどはすぐに成果が出ることはないのです。

成果基盤型などといいますが、教育の成果は、本来、実に長期的なものです。短期の成果、例えば学力向上などは、長期で見ると本当の成果とはいえないこともあります。短期の成績向上が数年先、十数年先の人生を変えるかもしれませんが、保証はできません。

でも、一つだけいえることは、教師は教え子にとって、生涯「先生」であるということです。良いか悪いか、優れているかダメかを超越して、ずっと「教師」なのです。

私の最初の教え子は、すでに60歳になろうとしています。でも、ほぼ毎年同窓会を開き、私を招待してくれます。素晴らしいことです。ありがたいことです。そして、その同窓会の幹事は、必ずしも成績の良かった子ではありません。目立つ子でもありません。でも、現在は地域で立派に活躍しています。私が「教えた」というより生徒が「学び成長した」ということなのです。

この仕事に就いて本当に良かったと思うのは、成長した教え子に会うときです。大人になった現在の姿に、子どもの頃の姿が入れ子型に入っているような気がします。そんな経験から、私はどんな児童生徒も、可能性を信じ大事にしたいのです。

教師を目指さない人にもお伝えしたいことがあります。それは、どの業界やどの世界に行っても、教えること（指導）と学ぶこと（学習）は付いて回ることです。

おそらく、卒業して数年のうちにあなたは後輩を指導する立場になるでしょう。そのとき、今回の教育実習体験を生かしてください。きっと教育実習の意義や価値を改めて理解できるでしょう。教育実習、お疲れ様でした。

Q&A

ここでは、教育実習でよく質問される
4つの項目についてQ＆A形式でまとめました。

1日の生活編

Q：何時に出勤すればよいですか。

A：早めに出勤することをおすすめします。精神論ではなく、朝早く出勤する教師がどういう人で、いったい何のために朝早く来るのか、あなた自身で確認してほしいからです。学校の事情によって異なりますが、朝早く来る人には管理職や生活指導担当教師、若手の教師が多いかもしれません。早めに出勤して、縁の下の力持ちを発見してください。

同時に、早めの出勤はあなた自身のためでもあります。慣れない現場でうまく立ち回るには、何事にも早めの事前準備が重要です。印刷物の用意や、押印が必要な書類の提出、欠席者の確認、朝の配布物の確認、指導教員への確認など、朝礼前に済ませてください。朝礼後にそうした雑務が入ると、教職員はイライラするものです。

Q：どのような服装を心がければよいですか。

A：あなたを実習先で指導してくれる指導教員の気持ちを考えるとよいでしょう。もう少し具体的に言えば、あなたが教育実習に集中している姿勢を見せる、そういうスタイルであることが正解です。

そのためには、下手におしゃれを取り入れるのではなく、最もプレーンで公式なスタイル（リクルートスーツに白シャツ）で通すことです。この際、ドレスコードの研究もしてみましょう。例えば、ボタンダウンシャツはカジュアルスタイルで、公式の服装に適さないことを知っていますか。

また、清潔感を演出するよう心がけることです。清潔感は、新任の教師にとって最も重要な「素直さ・謙虚さ」を表現します。以上の点を気にかけるだけでも、指導教員の印象は全然違います。

Q：授業参観では、何をどのように見ればよいですか。

A：重要なポイントは3つあります。第一に、あらゆる教科、あらゆる教師の授業を参観してください。これからの教師には、教科を越えたカリキュラム・マネジメントが求められます。しかし、いざ教師に採用されると日常の業務に忙しく、他の教科の授業を参観する機会にはなかなか恵まれません。今だからこそ教科を選り好みせず、専門以外の教科も積極的に参観することです。

第二に、教師だけではなく、児童生徒の反応に注目してください。教師は児童生徒の反応を見ながら、教える内容を微修正しています。双方を同時に観察することで、初めて教師の指導がどのように効果的で、どの程度行き届いているのかが分かります。そのためには、見る場所にも工夫しましょう。教室の後ろにいるだけでなく、教師と児童生徒を見渡せる教室の横に立ってみてはいかがでしょうか。ただし、授業の指導を妨げないことが前提です。

第三に、授業の細かい技術だけではなく、授業全体の構造を把握してください。時間配分、アクティブ・ラーニングの進め方、板書。これらが、いつ、どのようなタイミングで行われているか調べてみると、自分の指導技術にも生かされます。

Q：待機時間には何をすればよいですか。

A：基本的に、教育実習の待機室は、休憩室とは考えない方がよいでしょう。教育実習は、教育現場を体験させてもらえる貴重な機会です。休憩する時間があったら、校内を歩いてください。授業を参観しに行ってください。昼休みに担当学級で一緒にごはんを食べましょう。このように、とにかく児童生徒と関わる機会をたくさんつくってください。これは、教育現場でしか経験できないことです。

教育実習の評価で最も重要な観点の一つが、実習の現場で積極的に学ぶ姿勢です。それは、あなたが待機時間をどう過ごしたかという点にも表れます。研究授業の準備で時間が足りなくても、教育実習という生涯一度きりの貴重な機会に、“そのときにその場でしかできないこと”を優先することをおすすめします。

Q：部活動には、どの程度関わるべきですか。

A：ほとんどの自治体では部活動も重要な学校活動ですから、時間が許す限り、部活動にも顔を出しましょう。その際、必ずしも自分の得意分野でない部活動にも、積極的に関わりをもつことをおすすめします。

新任の教師は、部活動の担当を任されがちです。必ずしも自分の興味に沿った内容とは限りません。本気で教師を目指している人ほど、教育実習という現場で試せる期間のうちに、自分ならどのような指導ができるのか、あらゆる部活動で考えてみることです。

Q：何時に帰ればよいですか。

A：以前ならば、教育実習生は朝早くから夜遅くまで学校にいるのがスタンダードでしたが、学校現場でも働き方改革が進みつつありますので、むしろ夜遅くまで残っていると注意される場合もあるでしょう。少なくとも、教育実習生同士でグダグダと過ごし、遅くなるようなことだけはやめましょう。

働き方改革で重視されるポイントは、生産性の向上です。教育実習生のあなたも、この点を意識して取り組むことです。やるべきことを手早く済ませ、すぐ帰る。特に、実習日誌や指導教員の押印が必要な書類は、早めに提出する。今後は、そうした仕事の流儀が求められています。

最後に、「80：20の法則（パレートの法則）」をご紹介しておきましょう。仕事の成果の8割は、費やした時間全体の2割で生み出されます。つまり、書類などは2割の時間をかけて8割の完成度を目指せば十分です。細部にこだわり過ぎず、まず全体を完成させるように取り組めばよいのです。そして、生み出された時間を、教育現場で経験することに振り向けてください。

Q&A

◆◇研究授業編◇◆

Q：研究授業とはどのようなものでしょうか？

A：研究授業とは、ある目的に向かって教師が構想した授業を公開し、他の教職員が参観する授業のことです。授業を公開した後は、協議会等において授業についての協議が授業公開者と参観者によって行われます。

教育実習における研究授業では、教育実習生が授業を公開し、指導教員はもちろんのことそれ以外の教職員や大学の担当教員などが参観します。教育実習における研究授業は、実習の後半に行われることが多いです。

Q：研究授業に関する一連の流れを知りたいです。

A：教育実習における授業は、通常の授業に比べて念入りに時間をかけて準備を行います。教育実習生が行う授業も学級及び教科担任等が行う授業も、児童生徒にとっては「たった一度の貴重な学びの機会」であるためです。特に研究授業では、以下のような過程で念入りに準備を行います。
例えば・・・

○ 計画
研究授業の日時の決定 ⇒ 教科・単元・本時の決定 ⇒ 協議会の場所、参加者、時刻の確認 ⇒ 参観する先生方・大学担当教員への連絡

○ 指導案の作成
教材研究 ⇒ 指導案の形式の確認 ⇒ 指導案作成 ⇒ 指導教員等からの指導 ⇒ 指導案の修正、誤字・脱字確認

○ 授業準備
発問計画／板書計画／教材や教具等の準備／児童生徒の座席やグループ等の確認／児童生徒への準備物の連絡

○ 当日に向けた準備
模擬授業 ⇒ 指導案の印刷（押印が必要な場合もある） ⇒ 指導案の配布 ⇒ 参観する大学担当教員への連絡、指導案の送付 ⇒ タイムスケジュールの確認

○ 研究授業後
授業の片付け ⇒ 協議会 ⇒ 参観してくださった方々へのお礼（児童生徒へのお礼も）

Q：研究授業では、どのようなことが想定されますか？

A：研究授業では多くの先生方が教室内に入るため、普段の授業とはちがったことが起こりがちです。
例えば・・・

- 児童生徒の反応が普段の授業よりも薄くなる、または落ち着かなくなる。
- 教師が早口になったり、何を言っているのかわからなくなったりする。

• ICT 機器の不具合が起こる。

しかし、上記のようなことは教育実習生にかかわらず、多くの先生方も経験されてきています。これらの想定外を全てクリアすることは難しいのですが、例えば…

- 授業開始 3 分前には教室に入り、児童生徒と会話をしたり短いアイスブレイクを仕組んだりすることで、児童生徒や教師の緊張感を和らげる。
（みんなで声を出したり、視線を合わせたりする簡単で楽しい活動がおすすめ）
- 事前に研究授業の流れを先生方に見ていただき、発問や指示を声に出して練習しておく。
（頭の中だけで授業を考えないことが大切）
- 事前に ICT 機器の接続テストをしたり、不具合の場合の代案を考えたりしておく。

このような事前の「備え」によって想定外の出来事をある程度回避することができます。しかし、それでも難しい場合は、一呼吸置いて落ち着いてから臨機応変に対応することです。想定外のトラブルや失敗にもあきらめずに誠実に対応する教師には、児童生徒も協力的です。児童生徒のためにどうすることがよいかを考えて行動しましょう。

Q：研究授業を次へ生かすためのポイントはありますか？

A：むしろ、研究授業を終えた後に何をするかが大切です。「やりっぱなし」にせず、研究授業を通して得た学びを整理し、授業改善の次の目標を見出すために、例えば以下のようなことに取り組んでみてはどうでしょうか。

○　授業を参観してくださった先生方にお礼を伝える

参観してくださった先生方を訪ね、参観のお礼を伝えましょう。その中の会話で、授業への助言や改善点の提案、児童生徒への頑張りなどについて新たな気付きを得られることがあります。研究授業中に参観してくださった先生方を把握することは難しいため、あらかじめ指導教員に参観者の記録をお願いしておくとよいでしょう。

○　研究授業後の授業も丁寧に行う

研究授業が終わると、これまでの緊張が解けてほっとします。しかしながら、児童生徒にとっては、研究授業も普段の授業も同じ貴重な学びの機会です。研究授業を通して受けた指導・助言を普段の授業に反映してこそ、研究授業の価値があるというものです。

そのためにも、先生方から受けた指導・助言を「A：どの授業でも生かすこと」「B：本単元の指導に生かすこと」「C：本時の授業において改善すること」の大きく三点に分けて整理しておくと、研究授業後に自分がすべきことを明確にすることができます。

○　授業中の教師の発言と児童生徒の発言を振り返る

研究授業中のやりとりを振り返ってみましょう。参観してくださった先生方より児童生徒の発言記録をいただいた場合には、それを見直すとよいでしょう。教師が（自分が）発問を何度も言い換えていたり、児童生徒の発言を聞き落としていたり、同じ児童生徒に指名を重ねていたりなど、自分自身の発話の癖や発言の整理の仕方の改善点などを見出すことができます。

自分の教師としての振る舞いを見つめ直すことは、自分自身に多くの内省をもたらします。教師の「話し方・聞き方」がよりよい方へ変わると、教師と児童生徒のコミュニケーションがスムーズになり、授業のわかりやすさのレベルが格段に上がります。

児童生徒との関係編

Q：教育実習生が、児童生徒に対するハラスメントなど人権に関わる加害者になる場合がありますか。

A：教育実習生は、大学や教育実習校の教職員に対しては学ぶ・教えられる立場です。しかし、児童生徒にとっては「先生」であり、「教育実習の先生」や「友人」といった見方はしてくれません。それだけに、児童生徒に教える授業内容や、見せる生活態度がとても重要で、一瞬一瞬が真剣勝負となります。「先生」と「児童生徒」の関係で対応することを強く意識付けして臨むことが基本となります。

教育実習校において、児童生徒に対する最終責任が取れるのは教師であり、教育実習生は責任を取ることができません。指導教員の下で児童生徒に対して指導（教育実習）をしているのが教育実習生の位置付けとなります。授業以外で児童生徒と関わる場合には、必ず指導教員の指示を仰いでください。また、何か困ったときには、一人で悩むことなく、指導教員や管理職など信頼できる人に、解決に向けて早めに相談してください。

Q：「男女混合名簿」とは何ですか。また、その目的は何でしょうか。

A：児童生徒をアイウエオ順に並べた名簿を「男女混合名簿」といいます。「男女別名簿」と異なり、「男子だから……」「女子だから……」といった固定概念から解放され、児童生徒の個性がよりはっきり見えるようになります。性別にかかわらず、一人一人の児童生徒の個性を伸ばす上でも役立ち、さらに性別による異なった指導も減少します。「人権教育のための国連10年（1995-2004）」において、初等中等教育では幼児、児童生徒がすべての人の人権を尊重する意識を高める教育を一層充実する必要性が謳われています。また「持続可能な開発目標」（SDGs）においても、そのターゲット4-1で「2030年までに、すべての子どもが男女の区別なく、適切かつ効果的な学習成果をもたらす、無償かつ公正で質の高い初等教育及び中等教育を修了できるようにする」ことが謳われています。性差別をなくすためには、人権の視点をもって授業や学校行事などあらゆる場面に取り組む必要があるのです。

Q：児童生徒を指名する際には、どのように氏名を呼べばよいですか。

A：教師（＝教育実習生）として児童生徒を指名する場合には、友人同士の関係ではないので名前の呼び捨てや愛称・あだ名ではなく、氏名に敬称の「さん」を付けてきちんと呼びましょう。出席確認の際の「呼名」の場合にも、「さん」を付けて呼びます。また、最初に敬称を略すことをことわって、氏名のみを呼ぶことも一般的です。なお、男子・女子の性別で「くん」「さん」などの敬称を使い分けることはしない方が望ましいです。

Q：児童生徒の出席の取り方はどのようにすればよいですか。

A：児童生徒の「出席状況を明らかにしておかなければならない（学校教育法施行令第19条）」こと、また「出席簿を作成しなければならない（同法施行規則第25条）」ことが定められており、出欠確認は欠かせません。一般的には、朝の学級活動の時間に、教室において学級担任が出席簿に記録することで行われています。また、中学校や高等学校などの教科担任制を導入している学校では、各授業での出欠確認も行われています。

Q：授業中に児童生徒を指名する場合には、どのような方法がベストですか。

A：授業中の児童生徒の指名方法は、学習のねらいや活動によっていくつかのパターンを使い分けると効果的です。一般的に、授業では「挙手させる」、席の縦・横列や名簿などによる「順番指名」、児童生徒の理解度に基づく「意図的指名」、発言のあった意見に対して賛成・反対の立場を明らかにする「立場指名」、自分の意見がもてた児童生徒に順次に起立させる「起立指名」、指名なしで自由に発言させる「自由発言」など、多様な指名方法を組み合わせた活用がなされています。

Q：授業参観をする場合の、児童生徒を観る留意点を教えてください。

A：後に自らが行う教壇実習や研究授業を想定し、教師や児童生徒など授業の参加者の立場になって参観すると効果的です。ともすると教師の発言や動きにのみ着目しがちですが、授業における学習の主役は児童生徒です。教師の指導の下で、「ねらい」の達成に向けて、児童生徒がどのような取り組みをしているかを的確に捉えることが重要です。観察するに当たっては、全体を漫然と眺めるのではなく、活発な行動やよく発言するなど目立つ児童生徒に着目しながら、絶えず学級全体の雰囲気にも留意します。それぞれの児童生徒の個性的な反応や授業への参加状況を確認し、学級としての特性を捉えることも必要です。

職場の人間関係編

Q：学校現場の人間関係を良好に保つための心構えを教えてください。

A：教師にとって学校とは、様々な教育活動を通じて、児童生徒の成長の手助けをする場です。一つの活動には何らかの教育上の目的があり、教師は互いに協力しながらそれを実現していくことになります。したがって、仕事の上で何らかの判断をする際は、常に全体を意識した視点をもつことが大切です。

例えば、ある仕事をしていて何か失敗をしてしまった場合を考えてみてください。失敗はつい隠したくなるものですが、そうすると後々もっと大きな問題になることもあります。このようなときは、まず失敗が全体に及ぼす影響を考えて、状況判断できる人にすぐ報告し相談しなければなりません。

しかし、なかなかそれができないことがあります。例えば、あなたにきつく当たる上司や、嫌味を言う同僚などがいる場合です。

そこで、他者と関わる際の心のもち方を考えておく必要があります。まず、仕事をする上ではこうした人たちとの関わりが避けられない場合があるという現実があります。これは変えることはできません。では、相手を変えられるかというと、それも難しいのです。

実際のところ、こちらからの働きかけで相手の心がどのように変わるかは、誰にもわかりません。例えば、率直に自分の気持ちを伝えればわかってもらえるでしょうか。もちろん、わかってもらえれば一番いいのですが、かえって関係を悪化させてしまうのではないか、と考えて躊躇する人も多いのではないでしょうか。

このような状況の中で変えていける部分があるとすれば、それは自分自身の心です。相手に不平や不満を感じるときは、えてして相手の悪い（と自分が感じる）面しか目に入っていないことが多いものです。相手の悪い面が気になるときは、積極的に良い面も探してみましょう。それが、相手を客観的に見ることにつながります。

また、自分自身についても客観的に眺めてみましょう。そして「この人のこの部分は尊敬できる」と感じたり、「自分と同じように、彼らは彼らで一生懸命やっていたのだ」と思えればしめたものです。相手を尊重する気持ちが生まれ、同時に謙虚にもなります。失敗をしたときにすぐに報告したり、誠意をもって謝罪したりすることが、自然にできるようになるでしょう。

このように、仕事をする際は常に全体を意識すること、そして、他者と関わるときは相手が誰であれ尊重する気持ちを忘れないことが、学校に限らず職場で良好な人間関係を保つための基本と言えます。

Q：上司にあたる教師と良好な関係を築くには、どのような点に注意すればよいですか。

A：ここでは、少し具体的に考えてみましょう。

上司にあたる役職としては、校長、教頭（副校長）、あるいは、学年主任、学科主任などの各種主任が考えられます。このような先生方は責任者として学校の諸活動の方針を定め実行する立場にありますから、全体の状況を把握していなければなりません。

ですから、仕事をする際は、「報告・連絡・相談（ホウ・レン・ソウ）」を徹底してください。特に、何らかの判断で迷ったときは、まずは相談しましょう。その際、なるべく自分なりの結論を出した上で相談すれば、あなたの判断力も磨かれていくでしょう。

もし、きつい言葉を受けたと感じたときは、すぐに感情的にならず、なぜそのように強く言われたのか、自分はどのような行動をしていたのかなど、理由を考えてみてください。それが自身の成長にもつながります。相手の意図がわかれば信頼が生まれ、良好な関係をつくることができるでしょう。

Q：同年代の教師と良好な関係を築くには、どのような点に注意すればよいですか。

A：同年代の教師は、本音で話すことのできる大切な存在ですね。しかし、気を許しすぎて関係が壊れることのないように注意しましょう。

もし、意見が食い違うようなことがあっても、同年代だからといって真っ向から否定するようなことはせず、「そのような考え方もあるのかな」と、広い気持ちでまずは聞くようにしましょう。相手も自分と同じように努力して今の姿があるのだな、と思えば、自然に敬意をもって接することができるでしょう。

ときには他の教師や児童生徒、あるいは保護者の悪口を言って憂さを晴らそうとする人がいるかもしれません。言うまでもありませんが、そのようなときは安易に同調しないように気を付けましょう。

Q：学生のうちから努力できることがあれば教えてください。

A：まずは「相手あっての自分」という気持ちで挨拶をすることから始めましょう。話し方や振る舞いなど基本的なマナーを身に付けましょう。学習をするときは、学んだ知識の意味を広い視野で考え、疑問があるときは、友人だけでなく、教師に積極的に質問するようにしましょう。

このようなことの積み重ねで、相手を認め受け入れる心や、広い視野に立った判断力や行動力など、良好な人間関係を築くための基礎が少しずつ養われていきます。

あとがき

これまでになかった教育実習のための本を作る、これが私たち編集企画担当者の共通の願いでした。

教育実習の事前指導では、実習校である小・中・高等学校に迷惑をかけないようにと、細心の注意を払うことを求め、無事に、計画通りに実施できるようにするという内容が中心になることが多かったと思います。もちろん、それ自体は当然のことで、事前指導の内容としては当たり前のことかもしれません。

しかし私たちが考えたのは、もう一歩進めて、教育実習自体を自分の人生の貴重な１ページとして大事にし、そして教育実習を有意義かつ効果的に生かすためにはどうすればよいかということでした。また、本書のこのような精神が、読者である学生の皆さんや、これから教育実習に参加される方にどのように受け止められるかを考えました。

長いようで短い教育実習が、これから教師を目指す皆さんにとって、また今すぐ教師にはならないまでも、教員免許状は取得しようとしている皆さんにとって、本書を活用することで、素晴らしい体験や経験になればと願っています。本書を読んで、教育実習について考えるとワクワクする、そんな一冊にしたかったわけです。

本書を編集している最後の段階で、新型コロナウイルス感染症（COVID-19）の影響により、大学の講義はもちろんのこと、対面による編集会議もできなくなりました。ただ、このような状況の中で私たちが目指したことは、コロナ禍であるないにかかわらず、これから「様々な状況の変化に主体的に対応するための学びの基本」となる見方や考え方を教育実習の学習を通して提供することでした。

本書の成果と課題は、おそらく本書自体ではなく、本書を活用して教育実習を迎える皆さんの中にあるだろうと思っています。皆さんのこれからの人生や生き方を充実させることができる教育実習となるよう、本書を通して心から応援しています。

企画編集担当者一同　文責　吉田和夫

◆◇執筆者一覧◇◆

役割	氏名	担当	所属
代　表	森山　賢一	〔1〕	玉川大学教師教育リサーチセンターリサーチフェロー、教育学研究科教授
監　修	柳瀬　泰	〔12～19,28～31,138,139〕	玉川大学教師教育リサーチセンター教授
	吉田　和夫	〔4～11,156,157,160～168,178〕	元玉川大学教師教育リサーチセンター客員教授
	山田　深雪	〔2,3,57～61,68～71,76,77,133～135,158,172,173〕	玉川大学教育学部准教授
編集委員	有馬　武裕	〔56,82,83,126,127〕	玉川大学教師教育リサーチセンター客員教授
	大串　一彦	〔62,63,80,81,84,85〕	玉川大学教師教育リサーチセンター客員教授
	日下　芳朗	〔176,177〕	玉川大学工学部教授
	清水　宏美	〔140,141,159〕	玉川大学芸術学部教授
	常見　昌弘	〔86,87,116～119〕	玉川大学教師教育リサーチセンター客員教授
	中村　敦	〔32～37〕	元玉川大学教師教育リサーチセンター客員教授
	中山　公央	〔94,95,112～115,128,129〕	元玉川大学教師教育リサーチセンター客員教授
	濵田　英毅	〔124,125,170,171〕	玉川大学教育学部准教授
	山岡　好夫	〔132,174,175〕	玉川大学農学部教授
執筆者	今城　徹	〔22～25〕	玉川大学教師教育リサーチセンター客員教授
	岩谷　俊行	〔52～55〕	元玉川大学教師教育リサーチセンター客員教授
	上野　和彦	〔144,145〕	玉川大学教師教育リサーチセンター客員教授
	大重　基樹	〔42,43,130,131〕	元玉川大学教師教育リサーチセンター客員教授
	小川　朋子	〔136,137,142,143〕	元玉川大学教師教育リサーチセンター客員教授
	小澤　良一	〔20,21〕	元玉川大学教師教育リサーチセンター客員教授
	門倉　松雄	〔88,89,92,93,148,149〕	玉川大学教師教育リサーチセンター客員教授
	神田　しげみ	〔48～51〕	玉川大学教師教育リサーチセンター客員教授
	鈴木　美枝子	〔102～105〕	玉川大学教育学部教授
	芹澤　成司	〔96,97,121～123〕	玉川大学教師教育リサーチセンター客員教授
	高橋　妃彩子	〔72～75〕	元玉川大学教師教育リサーチセンター客員教授
	林　紋子	〔64～67〕	元玉川大学教師教育リサーチセンター客員教授
	福井　正仁	〔26,27,78,79,128,129〕	玉川大学教師教育リサーチセンター客員教授
	升　満知男	〔100,101,106,107〕	元玉川大学教師教育リサーチセンター客員教授
	松永　実	〔152～155〕	元玉川大学教師教育リサーチセンター客員教授
	宮島　雄一	〔146,147,150,151〕	元玉川大学教師教育リサーチセンター客員教授
	八嶋　真理子	〔44～47〕	玉川大学教師教育リサーチセンター客員教授
	山口　祐一	〔38～41〕	玉川大学教師教育リサーチセンター客員教授
	山重　ふみ子	〔90,91,98,99,120〕	玉川大学教師教育リサーチセンター客員教授
	山田　稔	〔108～111〕	元玉川大学教師教育リサーチセンター客員教授

小学校・中学校・高等学校版
教育実習ガイド

2020年12月15日　初版発行
2023年２月１日　第３刷発行

著　者　玉川大学教師教育リサーチセンター　編
発行者　花野井道郎
発行所　株式会社時事通信出版局
発　売　株式会社時事通信社
〒104-8178 東京都中央区銀座５－15－８
電話 03（5565）2155
印刷・製本　株式会社太平印刷社
定　価　本体2200円＋税

ISBN978-4-7887-1713-8 C2337　Printed in Japan